Brigitte Kleinod

Grabbepflanzung
liebevoll und schön

Kosmos

Naturnahe Bepflanzung einer Einzelgrabstätte mit Sandsteingrabmal

Doppelgrabstätte mit Sommerbepflanzung in sonniger Lage

Inhalt

Früher und heute
FRIEDHÖFE IM WANDEL DER ZEIT   4

Garten Eden   6
Grabmal und Bepflanzung   6
Grabfelder   7
Grabarten   7
Grabplatz und Klima   8

Eine Grabstätte anlegen
VOM GRABHÜGEL ZUM GRABBEET   10

Erster Schmuck   11
Grabmal und Einfassung   12
Steinmaterial   14
Bodenvorbereitung   15
Friedhofsgärtner   15
Bodenbestimmung   16
Zuschlagstoffe   16
Pflanze und Boden   17
Bodenverbesserung   17
Pflanzung Schritt für Schritt   18
Mulchen und Dekorieren   20

Gestaltung mit Pflanzen
HARMONIE AUF KLEINEM RAUM   23

Grundsätzliches   23
Gestaltungsprinzipien für Doppelgräber   24
Gestaltungsprinzipien für Einzelgräber   26
Gräber in sonniger Lage   28
Mit Farben gestalten   32
Gräber in halbschattiger Lage   34
Gute Nachbarn unter Pflanzen   38
Gräber in schattiger Lage   40

Mit Blättern gestalten 44
Urnengrabstätten 46
Kindergräber 48

Gräber schmücken
**GRABSCHMUCK FÜR
ALLE JAHRESZEITEN** 50

Frühlingsschmuck 50
Sommerschmuck 54
Herbstschmuck 56
Winterschmuck 58

Die Friedhofsordnung 60
Literatur 60
Adressen 60
Register 61
Bildnachweis und Impressum 62

**PFLEGEKALENDER FÜR
GRABSTÄTTEN** 63

Frühling 63
Sommer 63
Herbst 64
Winter 64

PFLANZENSCHUTZ 64

Früher und heute

Friedhöfe im Wandel der Zeit

Der Anfang und das Ende des Lebens und die Hoffnung auf ein Weiterleben nach dem Tode haben kultische Handlungen in allen Religionen bestimmt. Von den Anfängen der Menschheit bis zur heutigen hochtechnisierten Gesellschaft werden Verstorbene unter rituellen Handlungen an besonderen Orten bestattet.

Leuchtende Beeren schmücken den Grabstein.

Waldfriedhöfe nehmen durch ihr Rahmengrün dem Tod seinen Schrecken.

In Stein gehauene Symbole von kulturhistorischem Wert

Alte Handwerkstradition und die Natur schaffen zusammen eine unverwechselbare Atmosphäre.

Seit dem 8. Jahrhundert wurden die Toten in der Nähe des Altars, d.h. in der Kirche oder auf dem Kirchhof bestattet. Diese Gräber wurden immer wieder für Nachbestattungen genutzt. Hygienische Bedenken und die Bevölkerungsentwicklung bewirkten eine schrittweise Ablösung der Bestattungsfelder von der Kirche. Damit rückte der Tod auch bewußtseinsmäßig aus dem Mittelpunkt des Daseins.

Nach der Reformation erfolgte eine Verlegung der Bestattungsplätze vor die Stadttore. Der Friedhof war geschaffen. Bei ihm fehlt die räumliche Verbindung zum Gotteshaus, dafür erhält die Einfriedung als Abschluß gegen die Welt und der Eingang als Tor zum ewigen Leben besondere Bedeutung.

Ein Grabkreuz als Mahnmal für Soldaten, die im Krieg namenlos beigesetzt wurden.

Gärtnerische Gestaltung der Grabfelder und parkartige Gehölzpflanzungen ergänzen einander.

GRABMAL UND BEPFLANZUNG

Von diesen beiden wichtigsten Gestaltungselementen der Grabstätte ist letztere eine kulturelle Erscheinung der Neuzeit in christlich geprägten Gesellschaften. In früheren Jahrhunderten wurden den Pflanzen bestimmte Bedeutungen zugesprochen. Diese Symbolpflanzen (siehe S. 46) wurden den Toten mit ins Grab gegeben, ab Beginn des 19. Jahrhunderts auch aufs Grab gepflanzt. Die Sinnbezogenheit der Pflanzung ist jedoch einem reinen Schmuckbedürfnis gewichen.
Auch das Grabmal aus Stein als Symbol der Unvergänglichkeit hat sich im Laufe der Zeit verändert.

GARTEN EDEN

Neben seiner eigentlichen Funktion als Bestattungsort wird der Friedhof heute auch als Park mit grüngestalterischer und Erholungsfunktion gesehen. Park- und waldartige Szenerien spiegeln vielleicht unbewußt Paradiesvorstellungen wider, die Lieblichkeit von Rahmengrün und Blumen soll die Vorstellung vom Tod verdrängen.

Bei der Anlage neuer, aber auch der Pflege älterer Friedhöfe werden zunehmend ökologische Kriterien bei Pflanzung und Auswahl der Gehölze und der Mahd der Grünflächen berücksichtigt. Denn Friedhöfe dienen nicht nur den Menschen, sie sind auch wichtige Rückzugsgebiete für viele Tier- und Pflanzenarten und bieten in dichtbesiedelten Ballungsgebieten oft die einzige Überlebenschance.

Findling als Grabmal mit Koniferen und Gartenblumen

Kleine, aber durch aufeinander abgestimmte Bepflanzung dennoch großzügig wirkende Grabfelder

GRABARTEN

An einem Grab können nur Nutzungsrechte erworben werden, der individuelle Kauf einer Ruhestätte ist ausgeschlossen. Die Dauer der Nutzungsrechte ist verschieden, ebenso die Möglichkeiten der Verlängerung und die Kosten. Satzungsgemäß werden auf Friedhöfen folgende Grabstätten angelegt:
▶ Für Körpererdbestattungen gibt es Reihen- und Wahlgrabstätten (siehe blauer Kasten unten), letztere als Einzel- oder Doppelgrab.
▶ Für Urnenbestattungen gibt es Urnenreihen- und Urnenwahlgrabstätten.

Wurde früher ein Bezug zum Toten, dessen Herkunft, Beruf und Glaubensrichtung hergestellt, überwiegt heute die industriell hergestellte Ware.

GRABFELDER

Eine Rahmenpflanzung grenzt ein Grabfeld von ca. 40 bis 100 Grabstätten ein- und derselben Größe zu den anderen Teilräumen des Friedhofs ab. Innerhalb eines Grabfeldes gelten bestimmte, von der zuständigen Gemeinde festgelegte Gestaltungsvorschriften, die in der jeweiligen Friedhofsordnung (siehe S. 60) nachzulesen sind.
Geregelt werden z.B. Größe, Farbe und Material des Grabmals und der Einfassung.

GRUNDFORMEN VON GRABSTÄTTEN

Reihengrabstätten
Die Reihengrabstätten, ob Körper- oder Erdbestattungen, sind grundsätzlich Einzelgräber, die nur der Reihe nach, also zum Zeitpunkt des Todes, vergeben und nur für die Dauer der gesetzlichen Ruhefrist genutzt werden können. Diese wiederum ist abhängig von den geologisch-hydrologischen Standortverhältnissen, die die Dauer der Verwesung bestimmen.
Da außerdem keine breiten Zwischenwege benötigt werden, ist das Nutzungsrecht bei Reihengrabstätten relativ kostengünstig.

Wahlgrabstätten
Hier gibt es Einzel- und Doppelgrabstätten, auch Tiefgräber mit der Möglichkeit der Bestattung übereinander sind in einigen Städten üblich. Bei der Wahlgrabstätte kann das Grabfeld gewählt werden, ebenso gibt es eine Verlängerung oder Wiedererwerb der Nutzungsrechte. Der Vorteil der längeren Nutzung zieht aber auch die Verpflichtung der längeren Pflege nach sich. Dies bedeutet, daß im Fall des Ablebens des Nutzungsberechtigten ein Nachfolger bestimmt werden muß.

Einstellige Wahlgräber in sonniger Lage

GRABPLATZ UND KLIMA

Für die Gestaltung einer Grabstätte ist es wichtig, die Klimafaktoren an diesem Ort zu kennen, denn diese sind ausschlaggebend für die Wahl der richtigen Pflanzen. Selbst das Grabmal wird in seiner Dauerhaftigkeit und Wirkung von Licht und Feuchtigkeit beeinflußt. Die Lichtverhältnisse ändern sich im Wechsel der Jahreszeiten, einmal durch den Sonnenstand, zum anderen durch die Beschattung sommergrüner Laubgehölze.
Die Temperatur am Grabplatz kann durch Mauern oder Bäume in der Nähe vom allgemeinen Verlauf abweichen. Liegt das Grab unter einer Baumkrone, stellen sich ganz besondere Feuchtigkeitsbedingungen ein.

Regen und Wind
Nicht nur die jährliche Niederschlagsmenge, auch deren Verteilung übers Jahr ist für die Feuchtigkeitsbedingungen ausschlaggebend. An einer Grabstätte läßt sich mangelnder Regen durch Gießen beheben, aber gerade an sehr heißen Tagen mag man nicht immer auf den Friedhof gehen. Auch bei üppigen Niederschlägen und trotz Gießen kann ein Grab trockene Bedingungen haben, z.B. durch die Lage unter einem Nadelbaum oder im Wurzelbereich einer Birke.
Und nicht aller Regen gelangt auch an die Wurzeln der Pflanzen. Das meiste verdunstet wieder, besonders wenn das Grab windexponiert und/oder in der Sonne liegt.

Halbschattige Standorte, hier vor einer Hecke, lassen eine große Vielfalt an Pflanzenarten gedeihen.

Die schattige Lage unter altem Baumbestand vertragen nur wenige, daran angepaßte Pflanzenarten.

Sonnig
Grabplätze, die in der vollen Sonne liegen, gibt es besonders auf neuen Friedhöfen oder Erweiterungen. Meist sind sie auch ungeschützt austrocknenden Winden ausgesetzt. Für diese Standorte können Sie nur Pflanzen auswählen, die daran angepaßt sind (siehe S. 28–31). Sie kommen natürlicherweise nur in offenen Pflanzengesellschaften vor, in Wüsten, Steppen, Tundren, Hochlagen der Gebirge und an Wegrändern.

Halbschattig
Darunter versteht man Standorte, die entweder im lichten Schatten eines Baumes, z.B. Birke oder Lärche, liegen oder den halben Tag beschattet werden. Alle Pflanzen, die natürlicherweise in der Hecke oder in lichten Laubwäldern wachsen, eignen sich dafür (siehe S. 34–37).
Hier sind Klimaschwankungen abgemildert, die Lichtmenge ist reduziert. Im Winter gelten durch Laubfall die gleichen Bedingungen wie bei sonnigen Lagen.

Schattig
Diese Situation findet man oft auf alten Friedhöfen unter großen Bäumen. Nehmen Sie nur Pflanzen, die mit dem erheblich reduzierten Lichteinfall zurechtkommen, dies sind hauptsächlich Pflanzen der Laub- und Nadelwälder (siehe S. 40–43).
Sie müssen den Laubfall tolerieren, den Wurzeldruck der Gehölze, die Bodenversauerung und Trockenheit unter Koniferen und das Tropfen aus der Baumkrone nach dem Regen.

Eine Grabstätte anlegen

Vom Grabhügel zum Grabbeet

Planung und Anlage eines Grabbeetes bedeutet für viele Angehörige praktische Trauerarbeit. Beziehen Sie in Ihre Überlegungen auch die Vorlieben des Verstorbenen mit ein.

Provisorisch gerahmte und bepflanzte Reihengräber auf einem Dorffriedhof

Viele Angehörige pflegen die Gräber ihrer Verstorbenen selbst.

ERSTER SCHMUCK

Die Trauerspenden sind verwelkt, aber die Erde über dem Grab hat sich noch nicht ausreichend gesetzt. Auch der Steinmetz hat seine Arbeit noch nicht verrichtet. Sie können jetzt eine provisorische Begrünung vornehmen, wenn Ihnen der Grabhügel zu schmucklos erscheint.
Je nach Jahreszeit eignen sich verschiedene Pflanzen, die Sie mit oder ohne Topf in den Grabhügel setzen können. Lassen Sie sich Zeit für die endgültige Anlage, denn es wird eine Weile dauern, bis sich die Erde auf dem Grab gesetzt hat.

SAISONPFLANZEN FÜR DEN GRABHÜGEL

Frühling
Goldwolfsmilch* (*Euphorbia polychroma*)	gelb
Gefleckte Taubnessel* (*Lamium maculatum*)	purpur
Narzisse* (*Narcissus pseudonarcissus*)	gelb
Schlüsselblume* (*Primula elatior*)	gelb
Tulpe* (*Tulipa sylvestris*)	gelb

Sommer
Färberkamille* (*Anthemis tinctoria*)	gelb
Grasnelke* (*Armeria maritima*)	rosa
Gänseblümchen* (*Bellis perennis*)	weiß
Gundelrebe* (*Glechoma hederacea*)	blau
Purpurmalve* (*Malva sylvestris*)	purpur

Herbst
Kalkaster* (*Aster amellus*)	blau
Kissenaster (*Aster dumosus* 'Wachsenburg')	rosa
Ruprechts-Storchschnabel* (*Geranium robertianum*)	rosa
Gewöhnlicher Thymian* (*Thymus pulegoides*)	rosa

Winter
Buchs* (*Buxus sempervivens*)	grünes Laub
Schneeglöckchen* (*Galanthus nivalis*)	weiß
Christrose (*Helleborus niger*)	weiß
Waldhainsimse* (*Luzula sylvatica*)	grünes Laub

* heimische Art

Geschnittener Buchsbaum als grüne Alternative zur steinernen Einfassung

Wegplatten ersetzen die Einfassung.

GRABMAL UND EINFASSUNG

Bei der Wahl des Grabmals müssen die in der Friedhofssatzung festgelegten Bestimmungen für Maße und Material berücksichtigt werden. Der beauftragte Handwerker muß den Entwurf für ein neues Grabmal mit Inschrift zur Genehmigung bei der Friedhofsverwaltung vorlegen.

Grabmäler gibt es in unterschiedlicher Ausführung, in Stein, als Kreuze oder Stelen, rechteckige Grabsteine, Liegeplatten oder Kissensteine. Auch Holz und Schmiedeeisen wird verwendet, Beton und Kunststoffe werden i.d.R. nicht genehmigt.

Einfassung

Eine Einfassung ist oft noch auf älteren Friedhöfen aus dem Material des Grabsteins oder aus niedrigen schnittverträglichen Pflanzen zulässig, in neueren Anlagen aber nicht erlaubt, da eine offene Bepflanzung mit verbindenden Grünflächen angestrebt wird. Hier ist eine Abgrenzung der Grabstätte mittels flacher Steine schon vorbereitet. Nach Fertigstellung soll sich das Grabbeet mit ihnen auf gleicher Höhe befinden.

Anordnung des Grabmals

Auch die Lage des Grabmals ist in der Friedhofssatzung geregelt. Meist steht es am Kopfende der Grabstätte

DIE GRABARTEN

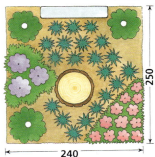

▶ **Wahlgräber** können ausgesucht werden, auf größeren Friedhöfen auf Grabfeldern mit strengeren oder weniger strengen Gestaltungsvorschriften. Es gibt ein- und mehrstellige (i.d.R. zweistellige) Wahlgräber. Die Nutzungsdauer kann ein- bis zweimal verlängert werden. Wie viele Särge bzw. Urnen ein Grab aufnehmen kann, hängt von der Größe und der Bodenbeschaffenheit ab. Zweistellige Tiefgräber z.B. sind für bis zu vier Erdbestattungen vorgesehen.

▶ **Reihengräber** werden der Reihe nach (Zeitpunkt des Todes) für die Dauer der Ruhefrist (unterschiedlich je nach Bodentyp und Platzbedarf) vergeben. Eine Verlängerung der Nutzungsdauer ist meist nicht möglich. Da keine breiten Zwischenwege benötigt werden, ist das Nutzungsrecht relativ kostengünstig.

▶ **Urnengräber** gibt es als Wahl- oder Reihengrab. Meist sind sie quadratisch mit Seitenlängen von 100–120 cm. Es können bis zu vier Urnen in Urnenwahlgräbern bestattet werden, wobei Nachbestattungen unproblematisch sind.

▶ **Kindergräber** gelten für Kinder bis zum 6. Lebensjahr und haben andere Ruhefristen. Die Regelungen für die Bestattung von Kindern sind unterschiedlich und oft auch nicht so streng.

in der Mitte, es kann aber auch asymmetrisch gesetzt werden, Stelen bei Urnengräbern auch in der Mitte. Wichtig ist eine gute Verankerung mit dem Fundament, um die Standfestigkeit über die Zeit der Nutzung zu gewährleisten. Bei Liegeplatten und Kissensteinen ist der Aufwand geringer, da kein Fundament benötigt wird.
Es ist in jedem Fall sinnvoll, sich bei der Anordnung des Grabmals schon Gedanken über die Bepflanzung zu machen, denn alle Bestandteile des Grabbeetes sollten sich einem harmonischen Gesamtkonzept unterordnen.
Wie Sie den geeigneten Grabstein finden und was Sie bei der Auswahl beachten sollten, finden Sie auf der nächsten Seite.

Unbehauene Findlinge symbolisieren Unvergänglichkeit.

STEINMATERIAL

Auf der kleinen Fläche einer Grabstätte ist das Grabmal das dominierende Element, dem sich die Bepflanzung unterordnet. Es soll deshalb mit Bedacht ausgewählt werden.
Material, Form, Oberflächenstruktur, Farbe sowie Inhalt und Gestaltung der Inschrift geben jeder Grabstätte etwas Persönliches. Aber man kann auch im unbearbeiteten Findling etwas Symbolhaftes sehen, ein Sinnbild für Natürliches, Dauerhaftes, Ewiges.
Früher stammten die Grabsteine ausnahmslos aus der näheren Umgebung und harmonierten deshalb in

Grabsteine sind Zeitzeugen und gehören weder gereinigt noch poliert.

Auch Holz ist ein passender Werkstoff für die Gestaltung würdiger Grabmale.

Material und Farbe. Heute können Grabsteine aus aller Welt importiert werden. Entsprechend groß ist die Vielfalt, was aneinandergereiht oft ein unruhiges Bild ergibt.
Gut zu bearbeiten und dezent in der Farbgebung sind Kalkstein, Granit, Diabas und Quarzit. Grellweiße und tiefschwarze Marmore wirken ebenso störend wie spiegelnde Polituren.

TIP: Wenn Sie in einer Gegend mit Steinen wohnen, machen Sie doch einen Streifzug, und schauen Sie sich die Steine und die in der Umgebung wachsenden Pflanzen genauer an. Vielleicht finden Sie eine Stelle, die als natürliches Vorbild für Ihre Grabgestaltung dienen kann. Falls Sie die Pflanzen nicht kennen, hilft Ihnen ein Bestimmungsbuch.

BODEN-VORBEREITUNG

Nachdem das Grabmal gesetzt wurde, können die vorbereitenden Arbeiten für die Pflanzung gemacht werden. Grabschmuck und Saisonpflanzen wandern in die Abfallbehälter, getrennt nach kompostierbaren und unverrottbaren Materialien. Dann wird der Grabhügel eingeebnet, die überschüssige Erde kann auf einem dafür vorgesehenen Platz gelagert werden.
Je nach Bodentyp werden jetzt Zuschlagstoffe (siehe Tabelle S. 16) in die obersten 10–20 cm eingearbeitet. Diese Arbeit kann körperlich sehr anstrengend sein, und der Materialbedarf ist oft größer als erwartet. Es ist deshalb zu überlegen, ob man diese Arbeiten einen Gärtner machen oder sich von einem kräftigen Menschen helfen läßt.

Friedhofsgärtner helfen bei Anlage und Pflege der Grabstätte.

FRIEDHOFSGÄRTNER

Haben Sie sich für Hilfe vom Friedhofsgärtner entschieden, vergleichen Sie die Angebote, denn meist bieten mehrere ihre Dienste auf einem Friedhof an. Die Palette der Dienstleistungen reicht von der Planung und Anlage, der zeitlich begrenzten Pflegemaßnahme bis hin zur langfristigen Dauergrabpflege.
Sie können aber auch nur um die Erstanlage nach Ihren Plänen bitten. Machen Sie dazu eine Pflanzskizze, und schreiben Sie Namen und Anzahl der gewünschten Pflanzen auf. Auch die Zuschlagstoffe können Sie bestimmen, denn vielerorts verwenden Gärtner immer noch Torf bei der Pflanzung, obwohl dies unnötig ist und es zudem umweltfreundliche Alternativen gibt.
Ob eine Bodenänderung überhaupt nötig ist, hängt von der gewünschten Pflanzung ab.

TIP: Viele heimische Pflanzenarten begnügen sich mit dem vorhandenen Boden und benötigen weder Torf noch Dünger, der sie nur zu groß werden läßt und anfällig macht für Pilzkrankheiten und tierische Schädlinge.

BODENBESTIMMUNG

Die chemische Zusammensetzung des Bodens und die Bodenstruktur sind außerordentlich wichtige Faktoren für das Pflanzenwachstum.

Die Bodenstruktur ist verantwortlich für die Versorgung der Pflanzenwurzeln mit Luft und Wasser. Entsprechend ihrem Anteil an gröberen und feineren Partikeln teilt man die Bodenarten in Sand-, Lehm- und Tonböden ein.

Böden mit gemischten Korngrößen weisen ein günstiges Verhältnis luftführender Grob- und wasserführender Feinporen auf.

Die Nährstoffe sind an die Ton-Humus-Komplexe gebunden, Verbindungen von Tonteilchen und verrotteten organischen Substanzen.

BODENTYPEN UND ZUSCHLAGSTOFFE

Bodentyp	Zuschlagstoffe	Menge
Sandige Böden	Kompost, Rindenkompost Gesteinsmehl, Bentonit	40–80 Liter/m² 50–200 g/m²
Lehmige Böden	Gewaschener Sand Kompost, Rindenkompost	30–50 Liter/m² 30–50 Liter/m²
Humose Böden	Sand Gesteinsmehl, Bentonit	30–50 Liter/m² 50–200 g/m²
Böden unter Bäumen	Rindenkompost Hornspäne Kalk (Algenkalk, Holzasche, Kalkschotter)	30–50 Liter/m² 50–100 g/m² 50–200 g/m²

TIP: Bevor Sie den Boden durch Zuschlagstoffe verändern, sollten Sie wissen, welche Bodenansprüche die gewählten Pflanzen haben.

ZUSCHLAGSTOFFE

▶ **Sand** lockert lehmige Böden,
▶ **Gesteinsmehle** und Bentonit ersetzen fehlende Lehm- und Tonteilchen,

Sandige Böden rieseln durch die Finger, trocknen schnell aus, sind leicht zu bearbeiten, nährstoffarm und meist chemisch neutral.

Lehmiger Boden klebt an den Fingern, hält das Wasser lang im Boden, neigt zu Rißbildung beim Austrocknen und ist schwer zu bearbeiten.

Humoser Boden ist dunkel gefärbt, duftet nach Pilzen, hat ein hohes Wasserspeichervermögen und ist locker in seiner Struktur.

▶ **Kompost** lockert die Struktur, fördert das Wasserspeichervermögen und wirkt düngend,
▶ **Hornspäne** sind bei extrem verarmten Böden besonders unter Nadelbäumen als Langzeitdünger und Rotteförderer nötig,
▶ **Kalk** hebt den pH-Wert bei sauren Böden.

PFLANZE UND BODEN

Die verschiedenen Pflanzenarten haben unterschiedliche Bodenansprüche. So braucht z.B. eine Pflanze des Laubwaldes neutralen bis leicht basischen, humusreichen Boden. Gärtnerische Zuchtformen und hier angebotene Exoten sind oft auf Einheitserde gezogen. Dies ist eine Standardmischung, die Sie in Säcken kaufen können, die aber meist Torf enthält.

TIP: Eine gute Gärtnerei informiert Sie über die Bodenansprüche der Pflanzen, aber auch Pflanzenkataloge und Bestimmungsbücher helfen weiter.

In keinem Fall muß der Boden des Grabbeetes so aussehen wie im Blumentopf. Kleine Steine stören ebensowenig wie eine gewisse uneinheitliche Struktur.

Wählen Sie die Zuschlagstoffe nach dem Bodentyp (laut Tabelle S. 16) aus.
Es ist völlig ausreichend, die obersten 10–20 cm der Graberde damit gut zu vermischen, denn beim Pflanzen größerer Gehölze wird eine Extragabe Kompost ins Pflanzloch gegeben.

BODEN-VERBESSERUNG

Im allgemeinen kann man sagen, daß sich viele Pflanzen sehr gut an unterschiedliche Bodenverhältnisse anpassen können. Eine Verbesserung der Bodenstruktur ist aber trotzdem oft sinnvoll.
Der wichtigste Bodenverbesserer ist der Humus. Darunter werden alle Verrottungsprodukte von Pflanzen verstanden, also auch Kompost. Er lockert die lehmige und tonige Erde und fördert damit die Durchlüftung. In mageren und sandigen Böden erhöht er das Wasserspeichervermögen und stellt zudem eine Langzeitdüngung dar.
Und selbst bei Waldböden und bei Böden unter Bäumen kann die Beigabe von Kompost oder Rindenhumus zusammen mit Hornspänen eine sinnvolle Maßnahme sein, denn diese Böden sind oft ausgelaugt und stickstoffarm.

Der Boden ist geebnet, Zuschlagstoffe, Pflanzen und Mulchmaterial stehen bereit.

Bestimmung des pH-Werts

Eine ausreichend genaue pH-Analyse des Bodens können Sie leicht selbst vornehmen, indem Sie einen Teelöffel Boden mit einer Tasse Leitungswasser in einem sauberen Gefäß vermischen und ein Indikatorstäbchen aus der Apotheke hineinhalten. Werte unter 6 weisen auf sauren, über 8 auf basischen Boden hin. Die meisten heimischen Pflanzen tolerieren pH-Werte zwischen 8 und 5,5. Ist der Boden saurer, geben Sie Kalk hinzu.

PFLANZUNG SCHRITT FÜR SCHRITT

Sie haben sich für Pflanzen entschieden und diese zum vorbereiteten Grab gebracht. Der Zeitpunkt einer Pflanzung kann bei getopften Pflanzen (Containerware) von März bis November gewählt werden. Doch ist für eine Neuanlage das späte Frühjahr der günstigste Zeitpunkt, denn das Angebot an Stauden ist dann am größten und der Boden feucht.
Zuerst arrangieren Sie die Pflanzen in ihren Töpfen so auf dem Grabbeet, wie sie gepflanzt werden sollen. Achten Sie auf Höhe, Blütezeitpunkt und Blütenfarbe (alles auf dem Schildchen vermerkt), damit ein harmonisches Bild entsteht und zu jeder Jahreszeit an verschiedenen Stellen etwas blüht.

Pflanzlöcher graben
Sind Sie mit der Anordnung zufrieden, werden an den entsprechenden Stellen mit der Pflanzschaufel oder -kelle Pflanzlöcher gegraben, die etwas größer sein sollten als der Wurzelballen. Bei festem Boden die Erde im Loch lockern.

Aus dem Topf nehmen
Zum Austopfen wird der Kunststofftopf mit den Händen zusammengedrückt, bis sich die Pflanze leicht herauslösen läßt. Ein gut durchwurzelter und feuchter Ballen fällt dabei nicht auseinander.

Pflanzen
Nun setzen Sie den Ballen ins Pflanzloch und drehen die Pflanze so, daß die schönste Seite zum Betrachter zeigt. Sie soll genauso tief gepflanzt werden, wie sie auch im Topf saß. Gegebenenfalls das Loch noch etwas vertiefen oder Erde auffüllen.
Hat die Pflanze ihren richtigen Platz gefunden, was Sie immer mal wieder durch Zurückkehren an den Betrachterstandort überprüfen, wird der Ballen festgedrückt, indem Sie Erde von der Seite und von oben mit den Fingern an den Ballen schieben, aber niemals auf den Ballen selbst drücken. Dadurch entsteht ringförmig um den Pflanzenballen eine Vertiefung, die als Gießrand dient.

Angießen
Das nun folgende Angießen ohne Brausetülle dient dem ersten Wässern und dem Anschlämmen feiner Bodenpartikel an die Feinwurzeln. Denn nur Wurzeln mit direktem Bodenkontakt können das Kapillar- und Haftwasser aufnehmen.

Auslegen der Pflanzen in den Töpfen

Den Wurzelballen aus dem Topf nehmen

Setzen ins vorbereitete Pflanzloch

Festdrücken des Wurzelballens

Angießen ohne Gießtülle rund um den Topfballen

Das Wiedereinpflanzen erfolgt wie oben beschrieben. Geeignete Geräte für das Pflanzen von Stauden und Zwerggehölzen finden Sie auf Seite 64.

TIP: Verwenden Sie zum Angießen eine 2–4 Liter fassende Kindergießkanne ohne Brausetülle. Sie ist leichter in der Handhabung, und Sie können mit dem engen Schnabel feiner dosieren.

Sind alle Pflanzen angegossen, wofür Sie pro Staude etwa 1/2 Liter, pro kleines Gehölz etwa 2 Liter Wasser benötigen, können Sie den Boden zwischen den Pflanzen ebnen und die Pflanzung anschließend mit der Tülle überbrausen.
Das Wässern mit der Brause muß nun je nach Witterung alle paar Tage einige Wochen lang wiederholt werden, wobei Sie ca. 10 Liter pro m² Beetfläche benötigen.

Änderungen
Korrekturen des Arrangements können Sie auch noch Wochen nach der Pflanzung vornehmen. Dazu den Wurzelballen vorsichtig wieder ausgraben und die Pflanze am Ballen aus dem Pflanzloch heben.

Nun wird der Boden geebnet, hier mit Steinen dekoriert und Sand als Mulchmaterial aufgebracht.

Am Anfang sind die Pflanzen klein, und die Mulchdecke dominiert das Bild.

und Sie sparen eine Menge Arbeit beim Hacken und Gießen. Sie können verschiedene, farblich auf das Grabmal und die Pflanzen abgestimmte Materialien verwenden.
Um die gewünschte Wirkung zu erzielen, ist eine Schicht von 2-3 cm Dicke nötig, was bedeutet, daß Sie ca. 80 Liter für ein Einzel- und ca. 160 Liter für ein Doppelgrab brauchen.
In der Tabelle auf S. 21 finden Sie Abdeckmaterialien.

TIP: Fragen Sie beim Steinmetz oder Baustoffhändler nach Steinen, Sand und Kies verschiedener Körnung und Farbe. Einige Eimer davon kosten nicht viel. Organische Materialien wie Holzhäcksel und Rindenschnitzel bekommen Sie in Säcken in Gärtnereien, Baumärkten und Grünen Warenhäusern.

MULCHEN UND DEKORIEREN

Schon beim Überbrausen und nach Regenfällen haben Sie sicher gemerkt, daß Bodenteilchen fortgeschwemmt werden und Blätter und Beetrand beschmutzen. Außerdem verdichtet heftiger Regen die oberste Bodenschicht, besonders bei hohem Lehmanteil. Deshalb, und um das Aufkeimen anfliegender Unkrautsamen zu verhindern, ist es ratsam, den Boden zu mulchen und abzudecken. Danach ist der Boden geschützt vor Verschlämmung und Austrocknung, seine Struktur bleibt erhalten,

Bodendecker Kleines Immergrün (*Vinca minor*)

Grober Quarzkies am Fuße des Grabmals und Holzhäcksel auf dem Beet gliedern die Fläche.

Feiner Quarzkies als Mulchdecke und Dekoration

Die dekorative Wirkung der Abdeckung kann durch Kombination verschiedener Materialien gesteigert werden. Auch größere Steine, Pflanzgefäße, Wurzel- und Holzstücke lassen sich einfügen (siehe Tabelle unten).

Bodendecker

Kriechende ausläufertreibende Pflanzen, die Bodendecker, haben den gleichen positiven Einfluß auf den Boden wie die Mulchmaterialien, nur müssen sie oft zurückgeschnitten werden (siehe S. 63).

ABDECKMATERIALIEN FÜR GRABBEETE

Material	Korngröße	Farbe	pH-Wert
Kalkschotter	0–30 mm	hellgrau	basisch
Quarzkies	3–15 mm	hellgelb/ocker	neutral
Splitt	6–12 mm	grau/ocker/braun	neutral bis basisch
Quarzsand	0– 2 mm	weiß/hellgelb	neutral
Holzhäcksel	0–20 mm	braun	neutral
Rindenschnitzel	0–50 mm	dunkelbraun	sauer
Bodendeckerpflanze	–	grün	neutral

Grün ist die dominierende Farbe dieser Grabstätte.
Leberblümchen (*Hepatica nobilis*) sind erste Frühlingsboten.

Gestaltung mit Pflanzen

Harmonie auf kleinem Raum

Wohlproportionierte Raumgliederung, Abstimmung von Farben und Formen der Pflanzen und Einklang mit Grabmal und Umgebung machen eine optisch ansprechende Gestaltung aus, die der Bestimmung des Ortes gerecht wird. Was Sie dabei beachten müssen, erfahren Sie in diesem Kapitel.

Auf diesem Urnengrab stimmen die Proportionen zwischen Grabmal und Bepflanzung.

GRUNDSÄTZLICHES

Die Raumgestaltung wird von Größe und Masse des Grabmals sowie der vorhandenen Pflanzen bestimmt. Farbwirkungen ergeben sich aus den Farben des Grabmals, der Wege, den Nachbargräbern, der Bodenabdeckung und den Lichtverhältnissen. Es gibt aggressive und ruhige Farben, sich ergänzende und miteinander kontrastierende (siehe auch Seite 32). Pflanzen wirken durch ihre Größe und Struktur, durch Blatt- und Blütenfarben sowie durch Beeren und Samenstände.

Dezente Farbgebung mit Wildpflanzen, passend zum Findling

GESTALTUNGSPRINZIPIEN FÜR DOPPELGRÄBER

Doppelgrabstätten mit ihrer annähernd quadratischen Form und einer Fläche von 6 m² lassen eine relativ großzügige Gestaltung zu.

Höhengliederung

Bei der Auswahl der Rahmenbepflanzung richtet man sich nach Größe und Position des Grabmals. Neben dieses werden höhere und kompaktere Solitärpflanzen, meist Zwerggehölze, gesetzt, davor und ggf. auch vor das Grabmal flachwachsende, um einen harmonischen Übergang zum flachen Beet zu schaffen.

Flächengliederung

Die Fläche kann mit Bodendeckern untergliedert werden, z.B. durch diagonale Teilung des Beetes. Auch ein Saisonpflanzenbeet gliedert die Fläche und stellt ein optisches Gleichgewicht zum Hintergrund mit Grabmal und Gehölzen dar.

Formen

Bei der Wahl der Formen soll man nicht willkürlich verschiedene verwenden, sondern besser ein und dieselbe Form variieren. Steinplatten, Holzscheiben und gemulchte betretbare Stellen werden für Pflegearbeiten benötigt, können aber auch Pflanzgefäße aufnehmen.

Grabmal, Einfassung und Pflanzen passen zusammen.

Zufällig wirkende Flächengliederung mit Steinen und Wildpflanzen

Diagonale Raumaufteilung mit flächenhafter Pflanzung und betonter Mitte (Baumscheibe oder Trittplatte als Unterlage für Pflanzschale oder Gesteck). Zwei Gehölze oder dauerhafte Stauden an den vorderen Eckpunkten stellen das Gegengewicht dazu dar. Wurzelstücke und Steine lassen die Anordnung natürlich erscheinen. Architektonisch geformte Pflanzen wie Gräser bieten einen reizvollen Kontrast zu dem flächigen Grabmal. Die niedrigen Pflanzen im Vordergrund, ob Saison- oder Dauerbepflanzung, wechseln ihre Blütenfarbe mit den Jahreszeiten.

Traditionelle und doch modern wirkende Flächenaufteilung mit Bodendeckern, Buchs als Einfassung und Saisonbeet

Flächengliederung mit Pflanzen

Friedhofsgärtner empfehlen eine Bedeckung der Fläche zu
▶ 60 % mit Bodendeckern,
▶ 25 % mit Rahmenpflanzung (das sind alle dauerhaften Pflanzen außer den Bodendeckern) und
▶ ca. 15 % mit Wechselbepflanzung (Pflanzen der Saison).
Außerdem werden Trittplatten für die Pflegearbeiten und Schalen für besondere regionale oder zeitliche Gelegenheiten (Feiertage, Geburtstag, Todestag) empfohlen.

Pflanzenformen und -farben

Auch mit Form und Farbe des Blattwerks lassen sich raumgliedernde Effekte erzielen. Setzen Sie Pflanzen mit großen Blättern in Beziehung zu solchen mit filigranem Laub.
Immergrüne Pflanzen wirken als Gegengewicht zum Stein, niedrige vor dem Grabmal höhengliedernd. Im Winter bestimmen Grabmal und Immergrüne allein die Fläche.
Ebenso können Pflanzen mit mehr horizontalem Wuchs solchen mit vertikaler Wuchsform gegenübergestellt werden, wobei die höheren stets in die Nähe des Grabmals, die niedrigeren mehr in den Vordergrund gehören.
Sowohl kontrastierende als auch miteinander harmonierende Farben gliedern das Grabbeet. Es ist jedoch bei Rahmenbepflanzung nicht ganz einfach, die Blühzeitpunkte aufeinander abzustimmen. Deshalb ist das Saisonbeet der dominierende Farbtupfer, Bodendecker und Rahmenpflanzung sind eher zurückhaltend in der Farbgebung (und setzen nur zeitlich begrenzte Akzente).

GESTALTUNGS-PRINZIPIEN FÜR EINZELGRÄBER

Die längliche Fläche von 3 m² beim Wahl- und 2,6 m² beim Reihengrab ist schwieriger zu gestalten, zumal ein aufrecht stehendes Grabmal die schmale Form betont. Aber auch hier gilt, daß höhere **Rahmenpflanzen** dem Grabmal zugeordnet werden, niedrigere vor das Grabmal gehören, die Inschrift allerdings nicht verdecken sollen (bedenken Sie beim Kauf von Pflanzen den Zuwachs).
Man beschränkt sich am besten auf einige Arten, damit die Fläche nicht zu unruhig wirkt. Das **Saisonbeet** kann direkt im Anschluß an das

Farbenfroh präsentiert sich diese Reihe einstelliger Grabstätten im Sommer.

Flächenhafte Pflanzung mit aufeinander abgestimmten Farben

Grabmal beginnen, aber auch in der Mitte oder am Fuße des Grabbeetes. Probieren Sie vorher aus, wie Sie es am besten erreichen, denn hier fällt die meiste Pflegearbeit an. Trittflächen sind aber in der Regel beim einstelligen Grab nicht nötig, da sich die Fläche von den Rändern her erreichen läßt.
Anstelle eines Saisonpflanzenbeets kann man sich auch auf eine **bepflanzte Schale** beschränken, die nach Jahreszeiten oder zu besonderen Anlässen neu bestückt wird (siehe dazu ab S. 50).
Beschränken Sie sich bei der Pflanzung von **Bodendeckern** auf eine Art, oder verzichten Sie ganz darauf, wenn die verbliebene Fläche zu klein erscheint.
Bei der Gestaltung einstelliger Gräber ist eine Orientierung an den Nachbargrabstätten oft angebracht, damit ein nicht zu unruhiges Bild entsteht.

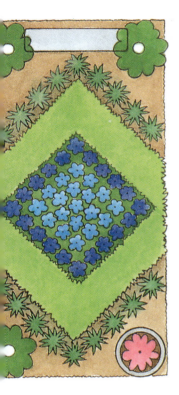

Farbwahl

Die Auswahl von Blatt- und Blütenfarben verlangt viel Fingerspitzengefühl. Vermeiden Sie knallige, aggressive Farben, denn gut aufeinander abgestimmte Farbtöne lassen eine Fläche größer erscheinen. Saisonblumen und farbiges Laub am Fuß des Grabmals sollten mit dessen Farbe harmonieren.

Flächengliederung mit Pflanzen

Friedhofsgärtner empfehlen eine Bedeckung des Grabbeets zu
▶ 50 % mit Bodendeckern,
▶ ca. 15 % Rahmenbepflanzung und
▶ ca. 35 % Wechselbepflanzung.
Es sollte eine optische Verbindung zum Nachbargrab gesucht werden.

Ein Saisonbeet im Mittelpunkt der Einzelgrabstätte dient der Raumaufteilung, die Rhombusform wiederholt sich in der Anordnung der immergrünen Gräser an Kopf und Fuß des Beetes. Das Grabmal wird von schlanken Gehölzen eingerahmt. Im Vordergrund ist Platz für eine auffällige Staude oder ein kleines Gehölz, eine Vase, Pflanzschale oder Gesteck. Bodendecker runden das Bild ab und erleichtern die Pflege. Unter den Gehölzen empfiehlt sich eine Mulchdecke.

Die Kombination aus traditionellen Pflanzen und zufällig wirkender Anordnung paßt zum alten Stein.

GRÄBER IN SONNIGER LAGE

Die folgenden Seiten zeigen Pflanzvorschläge für Grabstätten in sonniger Lage. Für die Tabellen wurde eine kleine Auswahl heimischer (mit * gekennzeichnet) und nichtheimischer Pflanzen getroffen, die alle trockenen Boden tolerieren.
Ist der Boden eines sonnigen Grabbeets eher feucht, können auch Pflanzen halbschattiger Standorte (siehe Seite 34–37) verwendet werden.

Purpurfetthenne (*Sedum telephium*)

Dachhauswurz (*Sempervivum tectorum*)

Glockenblumen (*Campanula cochleariifolia*)

RAHMENPFLANZUNG FÜR SONNIGE STANDOR

Name	max. Höhe (m)	Blütenfarbe, Blütezeitpunkt	Bemerkungen
Zwergfeldahorn* (*Acer campestre* 'Nana')	1,2	grün, 5–6	saurer Boden
Zwergfelsenbirne* (*Amelanchier ovalis* 'Pumila')	1,2	grün, 5–6	
Zwergbirke* (*Betula nana*)	0,8	grün, 4–6	
Buchsbaum* (*Buxus sempervivens*)	2,0	grün, 3–4	immerg schnittv träglich
Gewöhnliche Zwergmispel* (*Cotoneaster integerrimus*)	1,5	weiß, 4–5	
Schwarzer Geißklee (*Cytisus nigricans* 'Cyni')	1,0	gelb, 6–8	immerg
Steinginster* (*Genista lydia*)	0,5	gelb, 5–6	
Sadebaum* (*Juniperus sabina*)	1,5	–	immerg
Zwergmandel* (*Prunus tenella*)	1,5	rosa, 3–5	
Essigrose* (*Rosa gallica*)	1,0	rosarot, 6–7	
Blaßrote Kriechrose* (*Rosa polliniana* 'Repens')	0,5	rosa, 5–6	
Zwerg-Kiefer (*Pinus mugo pumilio*)	1,0	–	immerg
Immergrüner Schneeball (*Viburnum tinus*)	1,5	weiß, 6–10	immerg

* heimische Art, 1–12 Januar bis Dezember

Eine sonnige Doppelgrabstätte (gestaltet nach dem Vorbild einer Wacholderheide auf magerem, leicht saurem Boden) auf magerem Boden: ① Schwarzer Geißklee (*Cytisus nigricans*), ② Zwergwacholder (*Juniperus sibirica*), ③ Blaugraues Schillergras (*Koeleria glauca*), ④ Schneeheide (*Erica carnea*), ⑤ Färberginster (*Genista tinctoria*), ⑥ Zwergbirke (*Betula nana*), ⑦ Heidenelke (*Dianthus deltoides*), dazwischen Sandglöckchen (*Jasione laevis*), ⑧ Sandfläche, ⑨ Steinhaufen (Material passend zu Grabmal), ⑩ Vogeltränke oder niedrige Pflanzschale (farblich passend).

DAUERBEPFLANZUNG FÜR SONNIGE STANDORTE

Name	max. Höhe (m)	Blütenfarbe, Blütezeitpunkt	Bemerkungen
Zwergglockenblume* (*Campanula cochl.*)	0,1	blau, 7–9	auch weiße 'Alba'
Bergsegge* (*Carex montana*)	0,3	–	sommergrünes Gras
Kleinblütige Zistrose* (*Cytisus parviflorus*)	1,0	rosa, 4–5	
Heidenelke* (*Dianthus deltoides*)	0,3	purpur, 6–9	
Goldwolfsmilch* (*Euphorbia polychroma*)	0,4	gelb, 4–5	
Dalmatiner Storchschnabel (*Geranium dalmaticum*)	0,2	rosa, 6–7	
Sonnenröschen* (*Helianthemum nummularium*)	0,3	gelb, 6–9	
Zwerg-Schwertlilie* (*Iris pumila*)	0,2	violett, 4–5	
Lavendel (*Lavandula angustifolia*)	0,5	blau, 7–8	auch rosa u. weiß
Kuhschelle* (*Pulsatilla vulgaris*)	0,3	violett, 4–5	
Rosmarin (*Rosmarinus officinalis*)	1,0	violett, 5–6	
Weißer Mauerpfeffer* (*Sedum album*)	0,2	weiß, 6–7	in Sorten

* heimische Art, 1–12 Januar bis Dezember

(Pflanzen, die in den Pflanzvorschlägen aufgeführt oder als Abbildung zu sehen sind, wurden in den Tabellen nicht mehr berücksichtigt.)

Auf sonnigen Grabstätten sehen auf das Grabmal abgestimmte symmetrische oder ornamentale Anordnungen besonders schön aus. Es darf auch ruhig unbepflanzte Flächen geben, das läßt das Beet größer erscheinen. Als Bodendecker können polsterbildende Stauden wie Thymian, Sonnenröschen, Steinbrech oder Grasnelke dienen. Beachten Sie bei der Auswahl der Rahmenpflanzen, daß stets eine blühende oder Fruchtschmuck tragende Pflanze das Grab dekoriert, so können Sie sogar auf eine Wechselbepflanzung verzichten.

Sonnenliebende Pflanzen haben meist helles, silbrig glänzendes oder behaartes Laub und schmale Blätter. Auch stehen sie oft auf Lücke, da der Wurzelballen größer ist als die oberirdischen Pflanzenteile.

Sonnenröschen (*Helianthemum*-Hybriden)

Sonniges Einzelgrab für alle, die im Sommer nicht viel Zeit zum Gießen haben:
① Purpurfetthenne (*Sedum telephium*), ② Grasnelke (*Armeria maritima*), ③ Schwarzer Geißklee (*Cytisus nigricans* 'Cyni'), ④ Blauschwingel (*Festuca glauca*), ⑤ Zwergiris (*Iris reticulata*), ⑥ Stengellose Kratzdistel (*Cirsium acaule*), ⑦ Scharfer Mauerpfeffer (*Sedum acre*), ⑧ Weißer Mauerpfeffer (*Sedum album*), ⑨ Felsennelke (*Petrorhagia saxifraga*), ⑩ Bergsegge (*Carex montana*), ⑪ Kleines Habichtskraut (*Hieracium pilosella*), ⑫ Zwerg-Glockenblume (*Campanula cochleariifolia*), ⑬ Niederliegender Geißklee (*Cytisus decumbens*), ⑭ Sandthymian (*Thymus serpyllum*), ⑮ Bärentraube (*Arctostaphylos uva-ursi*), ⑯ Dachhauswurz (*Sempervivum tectorum*), Kalkschotter.

Oben: Selbst extreme Trockenheit im Sommer und starker Frost im Winter können dieser Pflanzung nichts anhaben.

Weißblühender Thymian (*Thymus serpyllum* 'Album')

Gemeine Kuhschelle (*Pulsatilla vulgaris*), auch Echte Küchenschelle genannt

EINIGE BODENDECKER FÜR SONNIGE STANDORTE

Name	max. Höhe (m)	Blütenfarbe, Blütezeitpunkt	Bemerkungen
Bärentraube* (*Arctostaphylos uva-ursi*)	0,3	weiß, 3–5	saurer Boden
Grasnelke* (*Armeria maritima*)	0,1	rosa, 5–10	
Niedrige Segge (*Carex humilis*)	0,2	–	Gras
Hornkraut (*Cerastium tomentosum*)	0,1	–	weißes Laub, wuchert
Silberwurz (*Dryas svendermannii*)	0,1	–	
Schneeheide* (*Erica carnea*)	0,3	rosa, 3–6	immergrün
Blauschwingel (*Festuca glauca*)	0,3	–	blaugrünes Gras
Fetthenne* (*Sedum album*)	0,1	gelb, 5–8	immergrün
Sandthymian* (*Thymus serpyllum*)	0,1	rosa, 6–9	kalkliebend
Ehrenpreis (*Veronica spicata incana*)	0,1	blau, 6–8	silbergraues Laub

* heimische Art, 1–12 Januar bis Dezember

EINIGE SAISONPFLANZEN FÜR SONNIGE STANDORTE

Name	max. Höhe (m)	Blütenfarbe, Blütezeitpunkt
Leberbalsam (*Ageratum houstianum*)	0,2	blau, violett, rosa, weiß, 6–10
Maßliebchen* (*Bellis perennis*)	0,1	weiß, rosa, rot, 3–6
Pantoffelblume (*Calceolaria integrifolia*)	0,3	gelb, 5–10
Sommeraster (*Callistephus chinensis*)	0,5	weiß, rosa, rot, blau, 7–10
Echeveria (*Echeveria derenbergii*)	0,2	orange, 4–6
Sonnenwende (*Heliotropium arborescens*)	0,4	violett, 5–10
Schleifenblume (*Iberis amaca*)	0,2	weiß, 5–8
Duftsteinrich (*Lobularia maritima*)	0,2	weiß, rosa, purpur, 5–9
Traubenhyazinthe* (*Muscari latifolium*)	0,2	blau, 4–5
Petunien-Hybriden (*Petunia*)	0,3	viele Farben, 5–10
Sommerphlox (*Phlox drummondii*)	0,5	viele Farben, 7–9
Eisenkraut-Hybriden (*Verbena*)	0,4	viele Farben, 7–10
Stiefmütterchen (*Viola tricolor*)	0,3	blauviolett, 5–10

* heimische Art, 1–12 Januar bis Dezember

MIT FARBEN GESTALTEN

Über Farbtheorien, -harmonien und -kontraste wurden schon ganze Bücher geschrieben, doch letzten Endes ist das Farbempfinden eine subjektive Angelegenheit. Manche Menschen lieben kräftige leuchtende Farben, andere bevorzugen weichere Töne. Die Farbwahrnehmung ist auch abhängig von der Stimmung, deshalb sind ruhigere Farben für Grabstätten den knalligen vorzuziehen. Sie können das Grab auch in den Lieblingsfarben des Verstorbenen gestalten.

Farbe und Licht

Die Farbwirkung einer Pflanzung wechselt mit den Lichtverhältnissen; je intensiver die Sonneneinstrahlung, desto klarer und kontrastierender wirken die Farben, während niedriger Sonnenstand alles in ein harmonisierendes Licht taucht. Daher wirken Blütenfarben im Schatten oder in der Sonne unterschiedlich.

Rosatöne kontrastieren mit Grün.

Die meisten weißen Blüten wie die der Margerite haben gelbe Saftmale und sind daher zweifarbig.

Frühlingsadonisröschen (*Adonis vernalis*) leuchten intensiv gelb.

Licht und Jahreszeiten

Jahreszeitlich bedingte Farbänderungen müssen auch bedacht werden; cremeweiße und blasse Gelbtöne sind in unseren Breiten für das Frühjahr charakteristisch, Blau und kräftiges Gelb für den Sommer und warme Rot- und Orangetöne für den Herbst.

Farbe des Laubes

Und nicht zuletzt muß bei der Farbgestaltung bedacht werden, daß auch das Grün der Blätter eine Farbe ist, sogar die am häufigsten verwendete.
Samenstände, besonders der Gräser, und Früchte setzen auch noch im Winter farbliche Akzente, die mit

Beerenschmuck der Eibe (*Taxus baccata*) ziert das Grab.

Kräftiges Blau: *Iris reticulata*

▶ **Blautöne** haben eine beruhigende Wirkung, benötigen aber hellere Töne neben sich, um richtig zur Geltung zu kommen, am besten weiß- und cremefarbene.

dem Weiß des Schnees oder dem dunklen Grün der Abdeckung kontrastieren.

Farbwirkungen

Farben können sich in ihrer Wirkung ergänzen oder aufheben. Besonders schön sind Ton-in-Ton-Kombinationen bei flächigen Pflanzungen.

▶ **Zarte Pastelltöne** stimmen nachdenklich oder romantisch, besonders wenn es sich um kleine, duftige Blüten handelt.

▶ **Gelbe** und orangene Blüten verbreiten warmes Licht und leuchten auch noch bei bedecktem Himmel oder im Schatten.

TIP: Soll eine kontrastierende Wirkung erzielt werden, verwenden Sie nicht mehr als drei Farben, sonst erinnert das Grabbeet mehr an einen Bauerngarten als an eine Gedenkstätte.

Intensives Violett beim Märzduftveilchen (*Viola odorata*)

GRÄBER IN HALB-SCHATTIGER LAGE

Es ist durchaus kein Nachteil, wenn die Grabstätte im lichten Schatten eines Baumes liegt oder nur 5 bis 6 Stunden am Tag Sonne hat. Der Boden bleibt hier länger feucht, die Pflanzen sind nicht so extrem der Sommerhitze ausgesetzt und blühen dadurch länger. Das Licht und der Schatten des Blätterdachs zaubern reizvolle Muster auf die Fläche.

RAHMENPFLANZUNG FÜR HALBSCHATTIGE STANDORTE

Name	max. Höhe (m)	Blütenfarbe, Blütezeitpunkt	Bemerkung
Silberberberitze (*Berberis* 'Verrucandi')	1,0	gelb, 5–6	immergrün
Buchsbaum (*Buxus sempervivens* 'Vardar Valley')	1,0	–	lockerer Wu
Niedriger Bergilex (*Ilex crenata* 'Stokes')	0,5	–	immergrün, rote Früchte
Niedrige Heckenkirsche* (*Lonicera xylosteum* 'Compactum')	1,2	gelb, 5–6	rote Beeren
Mahonie (*Mahonia aquifolium* 'Apollo')	0,6	gelb, 3–5	immergrün
Lavendelheide (*Pieris floribunda* 'Forest Flame')	1,5	weiß, 3–5	immergrün, saure Böde
Alpenrose* (*Rhododendron hirsutum*)	0,6	rot, 7–8	
Frucht-Skimmie (*Skimmia japonica*)	0,8	rot, 4–6	immergrün, rote Beeren
Zwergschneeball* (*Viburnum opulus* 'Compactum')	1,2	weiß, 5–6	

* heimische Art, 1–12 Januar bis Dezember

Pflanzen der Waldränder lieben den Halbschatten.

Naturnah präsentiert sich dieses Doppelgrab im Halbschatten einer Hecke: ① Niedrige Heckenkirsche (*Lonicera xylosteum* 'Compactum'), ② Zwergschneeball (*Viburnum opulus* 'Compactum'), ③ Stinkende Nieswurz (*Helleborus foetidus*), ④ Vogelfußsegge (*Carex ornithopoda*), ⑤ Großes Windröschen (*Anemone sylvatica*), ⑥ Blutstorchschnabel (*Geranium sanguineum*), ⑦ Aufrechtes Fingerkraut (*Potentilla recta*), ⑧ Märzduftveilchen (*Viola odorata*), ⑨ Akelei (*Aquilegia vulgaris*), ⑩ Winterjasmin (*Jasminum nudiflorum*), ⑪ Zwergiris (*Iris reticulata*), ⑫ Pfennigkraut (*Lysimachia numm.*).

DAUERBEPFLANZUNG FÜR HALBSCHATTIGE STANDORTE

Name	max. Höhe (m)	Blütenfarbe, Blütezeitpunkt
Frauenmantel (*Alchemilla mollis*)	0,3	gelb, 5–6
Färbermeister* (*Asperula tinctoria*)	0,2	weiß, 6–7
Sommerheide* (*Caluna vulg.*)	0,3	rot, 6–9
Weiß-Segge* (*Carex alba*)	0,2	blau, 5–6
Großblütiger Fingerhut* (*Digitalis grandiflorum*)	1,2	gelb, 6–8
Ruprechts-Storchschnabel* (*Geranium robertianum*)	0,5	rosa, 5–10
Wald-Witwenblume* (*Knautia sylvatica*)	0,8	lila, 6–9
Blaue Himmelsleiter* (*Polemonium coeruleum*)	0,5	blau, 6–8
Echte Goldrute* (*Solidago virgaurea*)	0,5	gelb, 7–10
Wald-Ehrenpreis* (*Veronica officinalis*)	0,2	blau, 6–8
Waldsteinie* (*Waldsteinia geoides*)	0,3	gelb, 4–5

* heimische Art, 1–12 Januar bis Dezember

Großes Windröschen (*Anemone sylvatica*)

Die Auswahl geeigneter Pflanzen ist groß, auch einige Gewächse sonniger Standorte tolerieren halbschattige Lagen.

Natur als Vorbild
Wollen Sie eine naturnahe Pflanzung anlegen, können Sie sich an Waldrändern und in Lichtungen, an Heckensäumen und unter Gehölzgruppen Anregungen holen. Die meisten Frühblüher gehören in diesen Lebensbereich, aber auch einige Sommer- und Herbstblüher.
Ihnen allen ist gemeinsam, daß sie eine leichte Winterabdeckung, am besten

Die heimische Akelei (*Aquilegia vulgaris*) wird vorwiegend von Hummeln bestäubt.

Reihengräber in halbschattiger Lage unter dem lichten Kronendach einer Kiefer

Der Kriechende Günsel (*Ajuga reptans*) ist ein hervorragender Bodendecker.

EINIGE SAISONPFLANZEN FÜR HALBSCHATTIGE STANDORTE

Name	max. Höhe (m)	Blütenfarbe, Blütezeitpunkt
Eisbegonie (*Begonia semperflorens*)	0,2	weiß, rosa, rot, 5–10
Topfheide (*Erica gracilis*)	0,4	weiß, rosa, rot, 9–12
Fleißiges Lieschen (*Impatiens walleriana*)	0,3	viele Farben, 6–9
Männertreu (*Lobelia erinus*)	0,2	blau, weiß, 5–8
Vergißmeinnicht (*Myosotis*-Hybriden)	0,3	blau, 5–8
Waldvergißmeinnicht* (*Myosotis sylvatica*)	0,3	blau, 5–7
Kissenprimel-Hybriden (*Primula vulgaris*)	0,2	viele Farben, 3–5
Tulpen-Hybriden (*Tulipa* in Arten und Sorten)	0,3	viele Farben, 4–5

* heimische Art, 1–12 Januar bis Dezember

Laub, tolerieren, teilweise sogar als wärmende Hülle benötigen. Der Boden halbschattiger Standorte sollte leicht humoser, sandiger Lehm sein.
Für Standorte im Halbschatten eignen sich auch die meisten im Handel angebotenen Zuchtformen und Exoten. Sie haben jedoch in der Regel einen größeren Wasser- und Nährstoffbedarf und überstehen bei uns die kalten Winter nicht.

EINIGE BODENDECKER FÜR HALBSCHATTIGE STANDORTE

Name	max. Höhe (m)	Blütenfarbe, Blütezeitpunkt	Bemerkungen
Kriechender Günsel* (*Ajuga reptans*)	0,3	weiß, 5–8	auch andere Varietät
Gänsekresse (*Arabis procurrens*)	0,2	weiß, 4–5	Rückschnitt nach Blüte
Kanada-Hartriegel (*Cornus canadensis*)	0,2	weiß	saurer Boden
Zwergmispel in Sorten (*Cotoneaster dammeri*)	0,3	weiß	rote Beeren
Kriechspindel in Sorten (*Euonymus fortunei*)	0,3	–	auch buntes Laub
Walderdbeere* (*Fragaria vesca*)	0,2	weiß, 5–7	
Scheinbeere (*Gaultheria procumbens*)	0,3	weiß-rosa, 6–8	saurer Boden, rote Beeren
Pfennigkraut* (*Lysimachia nummularia*)	0,3	gelb, 5–8	
Sternmoos* (*Sagina subulata*)	0,5	weiß, 6–8	rasenartige Polster
Porzellanblümchen (*Saxifraga umbrosa* 'Eliott')	0,1	weiß-rosa, 5–6	humose feuchte Böden
Rundblättriger Steinbrech* (*Saxifraga rotundifolia*)	0,2	weiß, 6–9	verträgt Trockenheit

* heimische Art, 1–12 Januar bis Dezember

Halbschattiges Einzelgrab mit heimischen Pflanzen trockener Heckensäume:
① Essigrose (*Rosa gallica*), ② Schwarze Königskerze (*Verbascum nigrum*), ③ Gamander (*Teucrium chamaedris*), ④ Haarpfriemengras (*Stipa capillata*), ⑤ Adonisröschen (*Adonis vernalis*), ⑥ Ästige Graslilie (*Anthericum ramosum*), ⑦ Nickendes Leimkraut (*Silene nutans*), ⑧ Wilder Majoran (*Origanum vulgare*), ⑨ Rundblättrige Glockenblume (*Campanula rotundifolia*), ⑩ Diptam (*Diptamnus albus*), ⑪ Kugellauch (*Allium sphaerocephalon*), ⑫ Zittergras (*Briza media*), ⑬ Mulchdecke aus Quarzkies und ⑭ Holzhäcksel.

GUTE NACHBARN UNTER PFLANZEN

Nicht nur in Blüten- und Blattfarbe, auch in ihrem gesamten Erscheinungsbild, ihren Lebensansprüchen und -rhythmen gibt es Pflanzen, die miteinander harmonieren und sich sogar positiv beeinflussen. Im Kulturpflanzenbau wird der positive Effekt guter Nachbarschaft für bessere Erträge und zur Schädlingsabwehr schon lange genutzt (Mischkultur).

Je besser die Pflanzen eines Standorts zusammenpassen, desto stabiler ist diese Pflanzengesellschaft gegen äußere Einflüsse, denn fehlende Konkurrenz um Licht, Nährstoffe und Wasser kommt der Vitalität jedes einzelnen zugute.

Ob Pflanzen zusammenpassen, erkennt man oft intuitiv am äußeren Erscheinungsbild. Zwischen hochaufragenden, schlanken Pflanzen entwickeln sich niedrige, buschig wachsende, in deren Schutz sich geduckte, schattenliebende ausbreiten. Der Stockwerksaufbau des Waldes ist ein schönes Beispiel dafür. Aber auch der zeitliche Aspekt spielt eine wichtige Rolle. Pflanzen können auf engstem Raum zusammenleben, weil sie sich im Rhythmus und ihrer jahreszeitlichen Entwicklung aneinander angepaßt haben. So entfalten sich und blühen z.B. die Frühblüher, solange die Gehölze noch keine Blätter haben.

Auch dem Menschen wohnt das Bedürfnis nach Harmonie inne, und so empfinden wir gute Nachbarschaft unter den Pflanzen stets als etwas Ästhetisches, Gelungenes, ohne uns der Ursachen hierfür bewußt zu sein.

Mit Pflanzen, die zusammenpassen, ist auch eine dichte Bepflanzung möglich.

Im lichten Schatten eines Baumes

Da der Schattenwurf in der Regel von einem Baum, Strauch oder einer Hecke stammt, ist es sinnvoll, diese Pflanze als Leitgehölz zu akzeptieren.

Einige bewährte Beispiele nach Vorbildern von Gesellschaften für natürlich wirkende und ökologisch funktionierende Pflanzungen zeigt die Tabelle auf S. 39.

GUTE NACHBARN

Pflanzen-gesellschaft	Klima	Pflanzenarten Leitpflanze	Begleiter (heimische Pflanzenarten)
Felsheide	vollsonnig, windig	Schneeheide flächendeckend	Alpenglöckchen, Christrose, Zwergwacholder, Latschen, Zwergmehlbeere, Alpenwaldrebe, Seidelbast
Wacholderheide	vollsonnig, windig	Gemeiner Wacholder, Besenheide, Besenginster, Zwergbirke	Behaarter Ginster, Rotes Straußgras, Geißkleearten, Drahtschmiele, Bärentraube, Heidelbeere, Heidenelke
Gehölzrand	sonnig bis halbschattig	Laubbaum der Umgebung, Hainbuche, Schneeballarten	Pflanzen des Laubwaldes (siehe unter Laubbäumen) oder Heckenbegleiter
Wildstaudenbeet	sonnig bis halbschattig, windgeschützt	Wilde Stachelbeere, Zwergliguster, Seidelbast, Eingriffeliger Weißdorn (Zwergform)	Wildstauden der Umgebung oder nach Farbschwerpunkten bepflanzen
Unter Koniferen	halbschattig bis schattig, trocken	vorhandene Fichte, Tanne, Lebensbaum, Eibe u.a.	Rote Heckenkirsche, Kriechender Günsel, Waldmeister, Waldstorchschnabel, Teufelskralle, Waldfrauenfarn, Schwingel
Unter Laubbäumen	halbschattig bis schattig, feucht-trocken	vorhandene Buche, Eiche, Ahorn, Robinie u.a.	Wolliger Hahnenfuß, Vielblütige Weißwurz, Frühlingsplatterbse, Mittlerer Lerchensporn, Gelbe Windröschen, Märzenbecher, Buschwindröschen, Kriechender Günsel, Akelei, Maiglöckchen, Goldnessel, Efeu, Waldveilchen, Waldhainsimse

Färberginster (*Genista tinctoria*) und Heidenelke (*Dianthus deltoides*) in trauter Eintracht

Kriech. Gemswurz (*Doronium*) und Günsel (*Ajuga reptans*) harmonieren in Form und Farbe.

GRÄBER IN SCHATTIGER LAGE

In der Regel gibt es bei Neubelegungen von Grabfeldern keine tiefschattigen Lagen. Geräumte Gräber unter Bäumen werden oft nicht zur Wiederbelegung freigegeben, ganze Waldfriedhöfe mancherorts in Parks umgewandelt. Haben Sie dennoch eine Grabstätte im tiefen Schatten anzulegen oder umzugestalten, so bedenken Sie, daß kein Ort mehr Ruhe, Trost und Zuversicht vermittelt als die Geborgenheit unter einem dichten Blätterdach.

Probleme im Schatten

Wenn Sie bisher mit dem Wachstum der Grabpflanzen nicht zufrieden waren, kann das an verschiedenen Faktoren liegen:
▶ nicht standortgerechte Pflanzen,
▶ Trockenheit am Fuß von Bäumen und
▶ Stickstoffmangel im Boden alter Baumbestände. Durch Aufbereitung des Bodens mit Rindenhumus und Gabe von Hornspänen, die richtige Pflanzenwahl, regelmäßiges Gießen und eine schützende Mulchdecke lassen sich auch im tiefsten Schatten schöne Grabbeete anlegen. Und selbst auf blühende Pflanzen müssen Sie nicht verzichten.

Echtes Geißblatt (*Lonicera caprifolium*) heißt diese dekorative Kletterpflanze.

RAHMENPFLANZUNG FÜR SCHATTIGE STANDO[RTE]

Name	Höhe (m)	Blütenfarbe, Blütezeitpunkt	Bemerkun[g]
Seidelbast* (*Daphne mezereum*)	1,2	weiß, 3–4	feuchter Standort
Strauchefeu* (*Hedera helix* 'Arborescens')	1,0	grün, 9–11	immergrü[n]
Myrten-Stechpalme (*Ilex aquifolium* 'Myrtifolia')	1,5	weiß, 4–6	immergrü[n]
Zwerg-Liguster* (*Ligustrum vulgare* 'Compactum')	1,2	weiß, 6–7	immergrü[n] mildem Kl[ima]
Blaue Heckenkirsche* (*Lonicera caerulea*)	1,5	gelb, 5–6	
Winterjasmin (*Jasminum nudiflorum*)	1,2	gelb, 2–4	duftend
Kirschlorbeer (*Prunus laurocerasus* 'Zabeliana')	1,5	weiß, 5–6	immergrü[n]
Flacher Rhododendron (*Rhododendron forresti*)	0,8	–	immergrü[n] saure Böd[en]
Kronen-Eibe (*Taxus baccata* 'Repandens')	0,6	–	immergrü[n]

* heimische Art, 1–12 Januar bis Dezember

Doppelgrab im Schatten mit einem handgeschmiedeten Eisenkreuz, umrankt von Geißblatt und Winterjasmin und Pflanzen einer Waldlichtung:
① Deutscher Ginster (*Genista germanica*), ② Jelängerjelieber (*Lonicera caprifolium*), ③ Winterjasmin (*Jasminum nudiflorum*), ④ Niedrige Heckenkirsche (*Lonicera xylosteum*), ⑤ Ruprechts-Storchschnabel (*Geranium robertianum*), ⑥ Echte Goldrute (*Solidago virgaurea*), ⑦ Walderdbeere (*Fragaria vesca*), ⑧ Waldstorchschnabel (*Geranium sylvaticum*), ⑨ Großer Ehrenpreis (*Veronica teucrium*), ⑩ Großblütiger Fingerhut (*Digitalis grandiflora*), ⑪ Kleine Braunelle (*Prunella vulgaris*), ⑫ Weiße Taubnessel (*Lamium album*), ⑬ Gänsefingerkraut (*Potentilla anserina*),

DAUERBEPFLANZUNG FÜR SCHATTIGE STANDORTE

Name	Höhe (m)	Blütenfarbe, Blütezeitpunkt	Bemerkungen
Gefleckter Aronstab* (*Arum maculatum*)	0,4	grün, 4–6	
Haselwurz* (*Asarum europaeum*)	0,1	braun, 5–10	immergrün, bodendeckend
Hundszahn* (*Erythronium dens-canis*)	0,1	rosa, 3–4	
Wildfuchsie (*Fuchsia magellanica* 'Gracilis')	0,8	rot, 5–10	Winterschutz nötig
Mannsblut (*Hypericum androsamum*)	0,5	gelb, 6–8	
Schneehainsimse* (*Luzula nivea*)	0,3	4–5	immergrünes Gras
Weißgestreiftes Pfeifengras (*Molinia coerulea* 'Variegata')	0,8	6–9	zweifarbig
Wald-Sauerklee* (*Oxalis acetosella*)	0,1	weiß, 4–5	immergrün
Hirschzungenfarn* (*Phyllitis scolopendrium*)	0,3	–	immergrün glänzend
Gemeiner Tüpfelfarn* (*Polypodium vulgare*)	0,4	–	immergrün
Rundblättriger Steinbrech* (*Saxifraga rotundifolia*)	0,5	weiß, 6–9	immergrün

* heimische Art, 1–12 Januar bis Dezember

⑭ Rauhgras (*Achnatherum calamagrostis*), ⑮ Pfirsichblättrige Glockenblume (*Campanula persiciflora*), ⑯ Gundelrebe (*Glechoma hederacea*), ⑰ Weiße Segge (*Carex alba*), ⑱ Nickendes Perlgras (*Melica nutans*), ⑲ Narzisse (*Narcissus pseudonarcissus*), Rindenmulch.

Üppiges Wachstum trotz schattiger Lage

EINIGE SAISONPFLANZEN FÜR SCHATTIGE STANDORTE

Name	max. Höhe (m)	Blütenfarbe, Blütezeitpunkt
Buschwindröschen* (*Anemone nemorosa*)	0,2	weiß, 3–4
Gelber Lerchensporn* (*Corydalis lutea*)	0,3	gelb, 5–9
Alpenveilchen* (*Cyclamen purpurascens*)	0,1	violett, 7–9
Schneeglöckchen* (*Galanthus nivalis*)	0,2	weiß, 2–3
Frühlingsplatterbse* (*Lathyrus vernus*)	0,4	blau/purpur, 4–5

* heimische Art, 1–12 Januar bis Dezember

Umgestaltung

Vielleicht haben Sie beobachtet, daß manche Pflanzen des schattigen Grabbeetes gut gedeihen, andere aber nicht. Dann empfiehlt sich eine Umgestaltung. Tragen Sie erst alles Laub, Nadelstreu oder anderes Mulchmaterial ab. Graben Sie dann alle Pflanzen aus, diejenigen, die Sie wiederverwenden wollen, mit möglichst großem Wurzelbal-

Verschiedene Grüntöne und Blütenpflanzen wie die Begonie zaubern Farbe auch im tiefsten Schatten.

Einzelgrab im tiefen Schatten eines Nadelbaumes:
① Seidelbast (*Daphne mezereum*), ② Strauchefeu (*Hedera helix* 'Arborescens'), ③ Stinkende Nieswurz (*Helleborus foetidus*), ④ Buschwindröschen (*Anemone nemorosa*), ⑤ Hirschzungenfarn (*Phyllitis scolopendrium*), ⑥ Waldmeister (*Asperula odorata*), ⑦ Lungenkraut (*Pulmonaria officinalis*), ⑧ Aufrechter Ziest (*Stachys recta*), ⑨ Wald-Ehrenpreis (*Veronica officinalis*), ⑩ Waldsteinia (*Waldsteinia geoides*), ⑪ Waldsegge (*Carex sylvatica*), ⑫ Hainsalat (*Aposeris foetida*), ⑬ Kriechender Günsel (*Ajuga reptans*), ⑭ Busch-Hainsimse (*Luzula luzuloides*), ⑮ Wald-Storchschnabel (*Geranium sylvaticum*), Rindenmulch.

Echtes Lungenkraut (*Pulmonaria officinalis*) wechselt seine Blütenfarbe von Rot nach Blauviolett.

EINIGE BODENDECKER FÜR SCHATTIGE STANDORTE

Name	max. Höhe (m)	Blütenfarbe, Blütezeitpunkt	Bemerkungen
Haselwurz* (*Asarum europaeum*)	0,3	–	immergrün
Breitblattsegge (*Carex plantaginea*)	0,2	–	immergrün
Waldsegge* (*Carex sylvatica*)	0,4	–	Gras
Elfenblume (*Epimedium* in Arten)	0,4	–	–
Teppichspindel (*Euonymus fortunei* 'Minimus')	0,3	–	immergrün, zweifarbig
Efeu in Sorten (*Hedera helix*)	0,3	–	Rückschnitt nötig
Schneehainsimse* (*Luzula nivea*)	0,3	–	Gras, humoser Boden
Waldhainsimse* (*Luzula sylvatica*)	0,4	–	Gras, humoser Boden
Dickmännchen (*Pachysandra terminalis*)	0,2	–	25 Pflanzen/m²
Immergrün* (*Vinca minor*)	0,2	blau, 4–5	kalkliebend, auch in Weiß
Golderdbeere (*Waldsteinia ternata*)	0,2	gelb, 5–6	20 Pflanzen/m²

* heimische Art, 4–6 April bis Juni

len. Lockern Sie dann die Erde, und entfernen Sie alle unerwünschten Kräuter. Nun die Erde auffüllen, falls es Absenkungen im Pflanzbeet gegeben hat. Die obersten 10–20 cm mit Rindenkompost und Hornspänen vermischen (s. S. 16). Arrangieren Sie nun die Pflanzen neu, zusammen mit den neu hinzugekauften, und verfahren Sie weiter wie bei einer Neuanlage (s. S. 18). Nach Abschluß der Pflanzung unbedingt wieder eine Mulchdecke aus Holzhäcksel, Rindenmulch oder Laub auf die unbepflanzten Stellen decken und in den nächsten Wochen viel gießen.

Nieswurzarten (*Helleborus*) blühen im Winter.

Verschiedene Blattformen und -farben im Herbst

MIT BLÄTTERN GESTALTEN

Gerade auf schattigen Beeten kommt dem Gestaltungselement Blatt mehr Bedeutung zu als der Blüte. Auch eine schattige Ecke kann durch sorgfältige Auswahl von Grüntönen hell und freundlich gestaltet werden.

Blattfarbe

Eine spannende Wirkung können Sie mit verschiedenen Grüntönen erreichen, wenn Sie diese flächig verwenden und auf die Farbe des Grabmals abstimmen.
▶ Dunkle Grabsteine vertragen kräftige und rötliche Grüntöne, gelbliche und rötliche Steine harmonisieren besser mit blau- oder graugrünem Blattwerk. Die Natur bietet außerdem zweifarbiges Blattwerk mit hellen Streifen oder Tupfen, und diese Spielart ist in vielen Züchtungen zu finden. Auch mit rotlaubigen Arten und Sorten lassen sich farbige Effekte erzielen, die für sich alleine wirken und nicht durch eine üppige Blütenfülle gestört werden sollten. Gehen Sie aber mit rotem und zweifarbigem (panaschiertem) Laub sparsam um, die Pflanzung wirkt sonst leicht unruhig.

Blattform

Auch mit verschiedenen Blattformen kann man ein Grab gestalten, wenn man sie richtig verwendet. Kom-

Name	Höhe (m)	Bemerkungen
Rotes Laub:		
Roter Schlitzahorn (*Acer palmatum* 'Dissectum Atropurpureum')	1,2	○–◐, humose, saure, feuchte Böden
Berberitze (*Berberis thunbergii* 'Atropurpurea Nana')	0,6	○–◐, schnittverträglich
Goldenes Laub:		
Japanischer Goldahorn (*Acer japonicum* 'Aureum')	1,2	○–◐, saurer Boden
Haarzypresse (*Chamaecyparis* 'Filifera Nana Aurea')	0,8	○–◐
Wacholder (*Juniperus chinensis* 'Old Gold')	0,8	○–◐, flachwachsend
Dost (*Origanum vulgare* 'Aureum')	0,1	○, Bodendecker, trocken
Spierstrauch (*Spirea japonica* 'Goldflame')	1,0	○
Silbergraues Laub:		
Beifuß (*Artemisia ludoviciana incompacta*)	0,6	○, trocken, mager
Blauschwingel (*Festuca glauca*)	0,5	○, trocken, mager
Lavendel* (*Lavandula angustifolia*)	0,5	○, trocken, mager
Silberblatt (*Senecio bicolor*)	0,2	○–◐

PFLANZEN MIT INTERESSANTEN BLATTFARBEN UND -FORMEN

* heimische Art, ○ sonnig, ◐ halbschattig

binieren Sie stets flächige Blattformen wie die der Funkie mit filigranen Blättern, z.B. von Farnen. Lineare Blätter von Gräsern kontrastieren mit rundlichen von Pfennigkraut, Taubnessel oder Günsel. Pflanzen mit aufstrebendem vertikalem Wuchs wie Maiglöckchen ergänzen solche mit horizontalem, z.B. Waldstorchschnabel und Salomonsiegel.

Kombination

Man kann die Pflanzen in Gruppen oder Flächen verwenden, was einen großzügigeren Effekt ergibt als eine Einzelstellung, aber auch durcheinander gepflanzt sehen Pflanzen unterschiedlicher Blatt- und Wuchsform schön und natürlich aus. Bei der Gestaltung mit Blattfarben und -formen ersetzen Bodendecker die notwendige Mulchdecke, oder die Pflanzung ist so dicht, daß alle Erde bedeckt ist.

Solche Grabbeete sind meist sehr pflegeleicht. Manchmal kommt es aber zur Verdrängung einzelner Arten. Akzeptieren Sie dies als einen natürlichen Vorgang.

Filigranes Laub der Farne, flächige Blätter der Funkie und das strukturierte Blatt des Efeus ergänzen einander.

PFLANZEN MIT INTERESSANTEN BLATTFARBEN UND -FORMEN

Name	max. Höhe (m)	Bemerkungen
Zweifarbiges Laub:		
Seidelbast (*Daphne odora* 'Aureo-marginata')	1,5	○–◐, Winterblüher
Efeu (*Hedera helix* 'Goldheart')	0,2–1,0	○–◐, Bodendecker
Funkie (*Hosta fortunei* 'Aurea')	0,6	○–●, humos, feucht
Stechpalme (*Ilex aquifolium* 'Silver Queen')	1,2	○–●, immergrün
Filigranes Laub:		
Braunstieliger Streifenfarn* (*Asplenium trichomanes*)	0,3	◐–●, humos, feucht
Tränendes Herz (*Dicentra spectabilis* 'Alba')	0,6	○, humoser Boden
Große Blätter:		
Haselwurz* (*Asarum europaeum*)	0,3	●, auch bodendeckend
Nieswurz* (*Helleborus foetidus*)	0,4	◐–●, gelappte Blätter
Funkie (*Hosta sieboldiana*)	0,8	◐–●, humos, feucht
Salomonsiegel* (*Polygonatum hybridum*)	1,0	●, humos, feucht
* heimische Art, ○ sonnig, ◐ halbschattig, ● schattig		

Urnengrab mit Sandsteinstele, eingerahmt von Symbolpflanzen, die den vier Jahreszeiten zugeordnet sind

Auf der kleinen Fläche von nur 1 m² finden 13 verschiedene Arten Platz, wobei jeder Ecke eine andere Jahreszeit zugeordnet ist: ① Frühling mit Immergrüner Iris (*Iris foetidissima*), Narzisse und Leberblümchen; ② Sommer mit Essigrose, Zwergiris (*Iris reticulata*) und Behaarter Günsel (*Ajuga genevensis*); ③ Herbst mit Grönland-Margerite (*Chrysanthemum arctium* 'Roseum'), Römischer Kamille und Feld-Thymian, ④ Winter mit Buchsbaum, Windröschen (*Anemone ranunculoides*) und Großem Windröschen; ⑤ Silbergras (*Corynephorus canescens*).

URNENGRABSTÄTTEN

Mehr noch als bei einstelligen Gräbern dominiert beim Urnengrab das Grabmal die Gestaltung. Für eine Bepflanzung bleibt bei ca. 1 m² Gesamtfläche nicht mehr viel Platz, um so mehr ist die Harmonie zwischen beidem wichtig.

Auch eine Unterscheidung in Rahmenbepflanzung und Saisonbeet ist hier nicht sinnvoll, vielmehr beschränkt man sich besser auf einige wenige Pflanzenarten. Bodendecker alleine lassen ein künstlerisches Grabmal schön zur Geltung kommen, auf einen Platz für Grabschmuck zu besonderen Anlässen sollten Sie aber nicht verzichten. Bedenken Sie also am besten schon vor der Wahl des Grabmals, daß dieses mit der Bepflanzung eine Einheit bilden soll.

Pflanzen mit Bedeutung

Bei allem Gestaltungsanspruch soll aber die innere Nähe zum Verstorbenen nicht vergessen werden. Gerade Pflanzen symbolischen Sinngehaltes drücken Verbundenheit aus, besonders wenn sie auf die Lebensdaten, Vorlieben und die Glaubensrichtung des Toten hinweisen.

Einzelpflanzen besaßen schon vor dem Aufkommen des Christentums kultische Bedeutungen, die sich heute noch in manchem Pflanzennamen wiederfinden.

Da Symbole aber der menschlichen Phantasie entspringen und deren Deutung immer mit der Lebenserfahrung des Betrachters einhergehen, kann man darunter auch jedes Zeichen verstehen, das jemandem etwas bedeutet.

So kann die Pflanzung auf der Grabstätte z.B. die Naturliebe der Verstorbenen ausdrücken, indem sie naturnah gestaltet ist.

SYMBOLPFLANZEN

Name	Standort	Bedeutung
Frauenmantel (*Alchemilla mollis*)	○–◐	Sinnzeichen der Zauberkraft, Wassertropfen der Blätter wurden von Alchimisten benutzt
Färberkamille* (*Anthemis tinctoria*)	○	abschirmende und abwehrende Kräfte
Akelei* (*Aquilegia vulgaris*)	◐	Marienpflanze, Hinweis auf kommendes Heil
Arnika* (*Arnica montana*)	○	Johannisblume, Marienpflanze
Buchsbaum* (*Buxus sempervivens*)	○–●	Zeichen der Unsterblichkeit und des ewigen Lebens
Chrysantheme (*Chrysanthemum* in Arten)	○	Sinnzeichen der Stärke und des Sieges über den Winter in China; Abwehr dämonischer Einflüsse im antiken Griechenland
Safran-Krokus* (*Crocus sativus*)	●	Lichtsymbol, Sinnbild für Geduld, Liebe, Hoffnung und Glauben
Nelke (*Dianthus* in Arten)	○	Totennelke; heilige Kranzblume in der Antike, Sinnbild der wahren und reinen Liebe
Schneeglöckchen* (*Galanthus nivalis*)	◐–●	Sinnbild der Frühlingshoffnung
Efeu* (*Hedera helix*)	○–●	Zeichen der Unsterblichkeit und des ewigen Lebens
Narzisse (*Narcissus* in Arten)	○	Sinnbild für die Verwandtschaft des Todes mit dem Schlaf
Wildrosen* (*Rosa gallica, Rosa pimpinellifolia repens*)	○	christliches Sinnbild für Dornenkrone Christi, aber auch Abwehr des Bösen und Todkünder
Eibe* (*Taxus baccata*)	◐–●	wegen Giftigkeit Totenbaum, aber auch Schutz vor bösen Mächten
Wald-Ehrenpreis* (*Veronica officinalis*)	●	deutet auf Christus als Retter hin
Stiefmütterchen (*Viola tricolor*)	○	Dreifarbigkeit als Sinnbild für Trinität

* heimische Art, ○ sonnig, ◐ halbschattig, ● schattig

Essigrose (*Rosa gallica*) dekorativ für sonnige Lagen

Urnengrabreihe im Sommer mit üppig blühender Wechselbepflanzung und Zwergkoniferen

KINDERGRÄBER

Kinder können in unterschiedlichen Grabformen bestattet werden. Bis zum 1. Lebensjahr in Grabstätten von 60 x 120 cm, auf manchen Friedhöfen auch auf Urnengrabfeldern, bis zum 5. Lebensjahr in Kindergräbern mit den Abmessungen 150 x 90 cm, ab 6. Lebensjahr in Reihen- oder Wahlgräbern mit den üblichen Abmessungen. Sie können aber auch in Wahlgräbern verwandter Verstorbener bestattet werden, wenn es die Ruhefristen zulassen.

Es gibt keine Gestaltungsempfehlungen für Kindergräber, in der Regel überwiegt jedoch die Wechselbepflanzung, die durch den hohen Pflegebedarf der Möglichkeit aktiver Trauerarbeit am meisten entgegenkommt.

Auch Grabmäler für Kinder unterliegen meist keinen strengen Gestaltungsvorschriften. Es ist aber nicht leicht, ein würdiges und dennoch einem Kind angemessenes Grabzeichen zu gestalten.

Auf Kindergräbern findet man auch immer wieder Spielsachen, weniger als Dekoration denn als eine Abwandlung ursprünglicher Grabbeigaben. Obwohl sie aus Kunststoffen bestehen und damit gegen die meisten Friedhofsverordnungen verstoßen, werden sie in der Regel vom Friedhofspersonal toleriert.

Farbenfrohe Wechselbepflanzung aus Grasnelke, Herbstaster, Lobelie und Tagetes auf einem Kindergrab

Kinderpflanzen

Auch für die Bepflanzung von Kindergräbern bzw. Beetteilen, die einem Kind zugedacht sind, bieten sich Pflanzen mit symbolischem Sinngehalt an, so z.B. das Gänseblümchen oder Maßliebchen als Sinnbild der Unschuld (es ist auch im Leben die erste Blume, die Kinder pflücken).

Für die Farbgebung gilt, daß es auf Kindergräbern so bunt sein darf, wie Sie es für richtig halten. Auch eine kleine Blumenwiese ist denkbar, die aber besser ausgepflanzt werden sollte. Verschiedene kleine Blütenpflanzen kontrastierender Farben, bunt gemischt wie ein eben gepflückter Strauß, oder in Mustern gepflanzt, die an geflochtene Kränze oder den Rhythmus von Kinderreimen und -liedern erinnern, sind ebenso passend wie Pastelltöne anmutiger Pflanzen mit duftigen Blütenständen und zierlichem Laub.

SYMBOLPFLANZEN FÜR KINDERGRÄBER

Name	Standort	Bedeutung
Gänseblümchen* (*Bellis perennis*)	○	Unschuld, Bescheidenheit, ewiges Leben
Margerite* (*Chrysanthemum leucanthemum*)	○	Sinnbild für vergossene Tränen
Maiglöckchen* (*Convallaria majalis*)	◐–●	Sinnbild der Jugend und der reinen Liebe
Lilie (*Iris* in Arten und Sorten)	○	Zeichen der Unschuld und der reinen Seele
Vergißmeinnicht* (*Myosotis sylvatica*)	◐	Sinnbild des Nichtvergessens
Schlüsselblume* (*Primula veris*)	○–◐	Himmelsschlüssel
Rose (*Rosa*-Arten, weiße Sorten)	○	jungfräuliche Reinheit, Unschuld
Hauswurz* (*Sempervivum tectorum*)	○	Schutz vor dunklen Mächten, Sinnbild des ewigen Lebens
Immergrün* (*Vinca minor*)	◐–●	Ewigkeitssymbol, früher Kränze für tote Säuglinge
Veilchen* (*Viola odorata*)	◐–●	Sinnbild der Bescheidenheit

* heimische Art, ○ sonnig, ◐ halbschattig, ● schattig

Zartblaue Vergißmeinnicht ... Wer denkt da nicht an Sträuße in kleinen Kinderhänden?

Dauerbepflanzung mit Steingartenstauden auf der kleinen Fläche eines Kindergrabes

Rechts: Dieses Kindergrab ist mit kleinwüchsigen Steingartenpflanzen bepflanzt: ① Buchs (*Buxus sempervivens* 'Variegata'), ② Thymian (*Thymus serpyllum*), ③ Zwergstorchschnabel (*Geranium dalmaticum*), ④ Gänseblümchen (*Bellis perennis*), ⑤ Kriechender Günsel (*Ajuga reptans*), ⑥ Grasnelke (*Armeria maritima*), ⑦ Glockenblume (*Campanula rotundifolia*), ⑧ Dachhauswurz (*Sempervivum tectorum*), ⑨ Polsterphlox (*Phlox subulata*)

Gräber schmücken

Grabschmuck für alle Jahreszeiten

Es ist ein alter und schöner Brauch, Grabstätten an besonderen Gedenktagen, seien sie religiös oder persönlich bestimmt, mit Sträußen, Gebinden, Kränzen oder bepflanzten Schalen zu schmücken. Dazu gehört auch die Saisonbepflanzung, die den Gang der Jahreszeiten symbolisiert. Lassen Sie sich nun inspirieren.

Frühling mit Tulpen, Narzissen, Primeln, Stiefmütterchen und Vergißmeinnicht – Frühlingsboten für die Wechselbepflanzung oder für Schalen.

FRÜHLINGSSCHMUCK

Im zeitigen Frühjahr, wenn in der Natur noch alles kahl ist, sehen bepflanzte Schalen mit Frühblühern auf

Weiße Pracht als einziger Winterschmuck

Die Blütenfülle des Sommers als dekoratives Gesteck arrangiert

Im Herbst zaubert das gefärbte Laub eine ganz besondere Atmosphäre.

dem Grab am schönsten aus. Sie können sie selbst mit Blumenzwiebeln bestücken und in der Wohnung vortreiben lassen. Beachten Sie dabei die angegebenen Pflanztiefen. Geeigneter als dicke Tulpenzwiebeln sind solche heimischer Wildformen oder als botanische Arten angebotene Züchtungen mit größeren Blüten als die Wildformen, aber ebenso kurzen Stielen.

Schalen bepflanzen

Gefäße, die Sie bepflanzt aufs Grab stellen wollen, brauchen Abzugslöcher, damit nach einem Regen überschüssiges Wasser abfließen kann. Legen Sie große Ton-

WECHSELBEPFLANZUNG FÜR DEN FRÜHLING

Name	max. Höhe (m)	Standort	Blütenfarbe
Krokus (*Crocus biflorus* in Sorten)	0,1	○–◐	weiß, gelb, violett
Waldvergißmeinnicht* (*Myosotis sylvatica*)	0,2	○–◐	blau
Narzisse* (*Narcissus pseudonarcissus*)	0,3	○–◐	gelb
Geranien-Hybriden (*Pelargonium*)	0,4	○	viele Farben
Petunien-Hybriden (*Petunia*)	0,3	○	viele Farben
Schlüsselblume* (*Primula veris*)	0,2	○	gelb, in Sorten
Stengellose Primel* (*Primula vulgaris*) in Sorten	0,1	○–◐	gelb, andere Farben
Blausternchen* (*Scilla siberica*)	0,2	○–◐	blau
Blausternchen (*Scilla siberica* 'Alba')	0,2	○–◐	weiß
Tulpen-Hybriden (*Tulipa*)	0,3	○–◐	viele Farben

* heimische Art, ○ sonnig, ◐ halbschattig, ● schattig

scherben mit der Wölbung nach oben über die Löcher, und füllen Sie darüber eine Drainageschicht aus Kies und Blähton.
Füllen Sie dann einige Zentimeter Blumenerde oder Gartenerde, zu gleichen Teilen mit Kompost und Sand vermischt, auf. Gekaufte Pflanzen mit Wurzelballen so hineinstellen, daß die Oberkante des Ballens etwa 2 cm unter der Oberkante des Pflanzgefäßes zu liegen kommt. Der Abstand der

Bepflanzte Schale mit Tulpen und Narzissen

Bunter Frühlingsschmuck aus Zwiebelpflanzen

Ballen zueinander entspricht ungefähr deren Durchmesser. Danach die Erde auffüllen und festdrücken.
Nach dem Angießen nochmals Erde auffüllen, dabei aber einen Gießrand von 2-3 cm lassen. Eine dünne Schicht Kies verhindert, daß Erde fortgeschwemmt wird.

Blumenzwiebeln stecken
Beim Pflanzen von Blumenzwiebeln stets die angegebene Pflanztiefe beachten. Bei gemischt bepflanzten Schalen werden sie demnach in unterschiedlicher Höhe gesteckt.
Die Pflanztiefe entspricht in der Regel dem Durchmesser der Blumenzwiebel, der Abstand kann aber sehr eng gewählt werden. Ansonsten gelten die gleichen Regeln wie für das Pflanzen von Ballen. Sollen Blumenzwiebeln direkt ins Saisonbeet, haben sich Pflanzkörbe als sehr praktisch erwiesen, da sie die Wühlmäuse abhalten und nach dem Verblühen aus dem Beet herausgenommen werden können.

Blumenzwiebeln lagern
Falls Sie die Zwiebeln im Herbst nochmals setzen möchten, können diese an einem kühlen, dunklen Ort aufbewahrt werden. Dazu werden die Blütenstände abgeschnitten, damit sich keine Samen bilden, und die Zwiebel von anhaftender Erde befreit.
Die Pflanzen einzeln in eine Doppelseite Zeitung einwickeln und zusammen in einer flachen Kiste im Keller aufbewahren.
Im Herbst können Sie die Zwiebeln ins Saisonbeet pflanzen oder im Winter in ein Pflanzgefäß und im Haus an einem nicht zu warmen Ort vortreiben lassen. Die Erde nur leicht feucht halten und das Gefäß an ein Fenster stellen, sobald grüne Triebspitzen zu sehen sind.
Die vorgetriebenen Blumenzwiebeln können Sie im Frühjahr ins Grab stecken.

TIP: Bevor Sie das Gefäß aufs Grab stellen, die Pflanzen langsam an den Temperaturunterschied gewöhnen (d.h. erst ins kühle Treppenhaus, dann ins Freie stellen).

Grabreihe im Sommer

SOMMERSCHMUCK

Ab Ende Mai, wenn keine Fröste mehr drohen, beginnt die Sommerpflanzsaison. Pflanzgefäße für Saisonpflanzen sollten Sie im Sommer nur verwenden, wenn Sie Zeit für regelmäßiges Gießen haben, denn sie trocknen viel schneller aus als die Beeterde.
Im Saisonbeet wird jetzt die Frühjahrsbepflanzung abgeräumt, und an deren Stelle werden Sommerblumen gepflanzt. Dabei sollte man aber nicht die Zwiebeln von Krokus, Narzissen, Tulpen u.a. Zwiebelpflanzen beschädigen. Sie kommen im nächsten Frühjahr wieder.

Gestecke machen

In die Sommerzeit fallen aber auch Gedenktage, für die man das Grab mit einem Strauß oder Gesteck schmücken möchte. Käufliche Steckhilfen erleichtern die Arbeit und geben den Pflanzenteilen Halt und die richtige Stellung im Gefäß. Auch sie gibt es inzwischen aus umweltfreundlichen kompostierbaren Materialien. Gut mit Wasser versorgt, hält sich ein Gesteck auch im Sommer bis zu zehn Tage. Entfernen Sie aber bei den Blumen alle überschüssigen Blätter. Dekorieren Sie mit haltbarem Blattwerk etwa von Calla oder Asparagus, Zweigen von Bäumen und Sträuchern und Ranken von Kletterpflanzen.
Sie können symmetrische, aber auch asymmetrische Anordnungen stecken, wobei bei letzteren darauf geachtet werden muß, daß das Gefäß nicht kippt.

Steckgefäße

Kunststoffbehälter sind auf vielen Friedhöfen nicht zulässig und sehen auch nicht so schön aus. Als ge-

WECHSELBEPFLANZUNG FÜR DEN SOMMER

Name	max. Höhe (m)	Standort	Blütenfarbe
Knollenbegonie (*Begonia*-Hybriden)	0,3	○–◐	viele Farben
Eisbegonien (*Begonia-semperflorens*-Hybriden)	0,3	○–◐	viele Farben
Sommer-Astern (*Callistephus chinensis*)	0,3	○	viele Farben
Fuchsie (*Fuchsia*-Hybriden)	0,5	◐–●	rot
Geranie (*Geranium-zonale*-Hybriden)	0,3	○	viele Farben
Fleißiges Lieschen (*Impatiens-walleriana*-Hybriden)	0,3	○–●	viele Farben
Männertreu (*Lobelia erinus*)	0,2	○–◐	blau, weiß
Studentenblume (*Tagetes patula*)	0,2	○	gelb, orange
Zinnie (*Zinnia angustifolia*)	0,3	○	viele Farben

○ sonnig, ◐ halbschattig, ● schattig

eignete Gefäße erweisen sich alle frostfesten Ton-, Steingut- und Natursteingefäße. Am dekorativsten sind sie in Abstimmung mit Farbe und Material des Grabmals.
Sie können das ganze Jahr auf dem Grab stehen und mal als Vogeltränke (mit Steinen auffüllen), als Übergefäß für eine Blumenvase oder als Wasserreservoir für ein Gesteck dienen.

Grabsträuße
Verwenden Sie für Grabsträuße nur ganz frische Blumen, schneiden Sie die Stiele direkt vor dem Arrangieren in der Vase nochmals schräg ab. Das Gefäß nicht zu klein wählen und kein Blattwerk mit ins Reservoir tauchen, sonst fault das Wasser zu schnell. Je mehr Blätter Sie von den Stielen entfernen, desto länger bleiben die Blumen frisch.
Für Grabsträuße im Sommer eignen sich aber auch Trockenblumensträuße aus Strohblumen, Disteln, Schleierkraut, Gräsern und Getreidehalmen oder aus Zweigen von Mäusedorn.

TIP: Geben Sie bei Sträußen und Gestecken ca. 1 Teelöffel Zucker und einen Kupferpfennig mit ins Wasser, so wird das Bakterienwachstum gehemmt, und die Blumen bleiben länger frisch.

Ein sommerlicher Blumenstrauß schmückt jedes Grab.

HERBSTSCHMUCK

Traditioneller Monat des Gedenkens an Verstorbene ist der November. Bevor der Winter beginnt, werden die letzten Pflegearbeiten verrichtet (siehe S. 64) und das Grab mit frischen oder dauerhaften Pflanzenarrangements geschmückt.
Herbstliche Saisonbepflanzung wird ab September gepflanzt, wenn die Sommerblumen in Beet oder Schale nicht mehr schön aussehen. In rauhen Lagen sollten die Herbstpflanzen frosttolerant sein, da schon im Oktober die ersten Nachtfröste auftreten können.

Kränze binden

Der Herbst bietet noch viele Blumen, grüne Zweige, Samenstände und Fruchtschmuck, alles geeignet zum Binden herbstlicher Kränze. Grundlage dafür ist der Kranzreif, den Sie kaufen oder aus biegsamen Zweigen selbst herstellen können. Die Größe können Sie wählen. Wichtig für die Proportionen ist jedoch, daß die Öffnung des fertigen Kranzes ungefähr das Ein- bis Eineinhalbfache der Breite des Kranzkörpers mißt.
Zuerst wird der Bindedraht am Kranzreif befestigt, dann die Stielenden der Blumen, Zweige oder Ranken auf den Reif gelegt und zwei- bis dreimal umwickelt. Die nächsten Zweige dachziegelartig so auf den Kranzkörper legen, daß die Stielenden der ersten verdeckt werden, und ebenfalls umwickeln. Am Ende den Draht abkneifen und im Kranz verstecken.

Herbstlicher Kranz mit immergrünen Zweigen, Blüten- und Fruchtständen

Frische Blumen, Trockenschmuck und Ranken können auch anschließend noch hineingesteckt werden, wobei man die Stiele mit Draht verstärken kann. Auch Schleifen und Bänder sind dekorativ, besonders wenn der Kranz an ein Grabkreuz oder eine Stele gehängt wird.

Herbstgestecke

Als Unterlage für ein Gesteck eignen sich einige kräftige, flach zusammengebundene Zweige. Es gibt aber auch fertige Unterlagen in verschiedenen Formen in Blumenläden oder Bastelgeschäften zu kaufen. Die Schnitt- oder Trockenblumen, Fruchtstände und kleineren Zweige schräg anschneiden und auf der Unterlage feststecken oder -binden. Aber auch flache frostfeste Schalen mit Abzugslöchern sind, mit Sand, Steinen oder Kies gefüllt, gute Steckhilfen. Herbstfarben wie Braun-, Rot- und Orangetöne fügen sich am besten in die Umgebung ein. Vor dem Hintergrund immergrüner Pflanzen sehen cremefarbene Besenheide, blauschwarze Beeren von Liguster und rote Hagebutten besonders schön aus. Haben Sie keinen solchen Hintergrund, kombinieren Sie Zweige von Tanne, Kiefer oder Buchs mit hellen Blütenständen, leuchtenden Beeren und blaugrauen Gräsern. Bedenken Sie beim Kauf fertiger Gestecke, daß die Verwendung von Baumpilzen ökologisch ebenso bedenklich ist wie das Einfärben von Pflanzenteilen.

Herbstgesteck mit letzten Rosen, Chrysanthemen und Zweigen

TIP: Beachten Sie beim Arrangieren von Gestecken immer, daß höhere immergrüne Pflanzenteile nach hinten, kleinere kontrastierende nach vorne kommen und einige Ranken oder überhängende Zweige das Gefäß umspielen.

WECHSELBEPFLANZUNG FÜR DEN HERBST			
Name	Höhe (m)	Standort	Blütenfarbe
Kalkaster (*Aster amellus* in Sorten)	0,4	○	rosa, blau, violett
Kissenaster (*Aster dumosus* in Sorten)	0,4	◐–●	rosa, blau
Alpenveilchen (*Cyclamen purpurascens*)	0,2	○	rosa
Chrysanthemen-Hybriden (*Dendrathema grandiflorum*)	0,4	○	viele Farben
Heide (*Erica gracilis*)	0,4	○–◐	rot, rosa, weiß
○ sonnig, ◐ halbschattig, ● schattig			

WINTERBLÜHER (DEZEMBER BIS MÄRZ)

Name	max. Höhe (m)	Standort	Blütenfarbe	Bemerkungen
Krokus* (*Crocus*-Arten)	0,2	○–◐	gelb, weiß, violett	auch in Sorten
Seidelbast* (*Daphne mezereum*)	0,6	●	rosa	kleines Gehölz
Schneeheide* (*Erica carnea* in Sorten)	0,3	○	weiß-rosa	immergrüner Bodendecker
Schneeglöckchen* (*Galanthus nivalis*)	0,1	○–●	weiß	Zwiebelpflanze
Christrose* (*Helleborus niger*)	0,2	●	weiß	immergrün
Winterjasmin (*Jasminum nudiflorum*)	1,2	○	gelb	sommergrünes Gehölz
Frühlingsknotenblume* (*Leucojum vernum*)	0,2	○–◐	weiß	
Sternmagnolie (*Magnolia stellata*)	1,5	○–◐	weiß	spätfrostgefährdet
Lavendelheide (*Pieris japonica*)	0,8	◐–●	weiß	immergrün, liebt saure Böden
Vorfrühlings-Alpenrose (*Rhododendron praecox*)	0,5	○–●	rot	immergrün
Fleischbeere (*Sarcococca confusa*)	1,0	◐–●	weiß	weiß, duftend

* heimische Art, ○ sonnig, ◐ halbschattig, ● schattig

WINTERSCHMUCK

Der Winter ist die Zeit der Ruhe und erinnert uns unweigerlich an den Tod. Die Pflanzen ziehen sich aber nur zurück, um im nächsten Frühjahr wieder zu erwachen.

Auch ein winterliches ungeschmücktes Grab muß nicht leer aussehen. Immergrüne Gehölze und Gräser, Samenstände von Stauden und Beeren an Gehölzen wirken sehr dekorativ.

Es gibt in unseren Breiten nur sehr wenige Pflanzenarten, die im Winter blühen.

Immergrüner Winterkranz

Lediglich die Christrose und einige ab Februar blühende Sträucher gehören dazu.

Winterlicher Grabschmuck

Immergrüne Zweige, geschmückt mit Zapfen und Beeren, als Kranz oder Gesteck, bestimmen die winterliche Grabdekoration. Dafür eignen sich sowohl Laubgehölze (Buchs, Stechpalme, Eibe, Mahonie und Mistel) als auch nichtnadelnde Koniferenzweige von Silbertanne, Muschelzypresse, Latsche und Kiefer. Die Ranken von Efeu und Immergrün sind dekorativ, aber auch rote Beeren von Stechpalme, Feuerdorn und Hagebutten, schwarze Beeren von Mahonie und Efeu und die weißen der Mistel schmücken jeden Kranz.

Die Zapfen verschiedener Kiefernarten können mit Draht versehen an den Zweigen oder der Steckhilfe befestigt werden.

Zur Weihnachtszeit sieht eine farblich passende Kerze oder ein Band besonders festlich aus.

Hilfsmittel für die Grabschmuckgestaltung

Sie benötigen Werkzeuge wie eine Gartenschere (siehe S. 64), eine Haushaltsschere und ein kleines scharfes Messer. Zum Binden von Kränzen (siehe S. 56) brauchen Sie außerdem grünen Wickeldraht und eine kleine Drahtzange oder einen Seitenschneider, festeren Draht oder Steckdrähte. Kranzreifen, Steckhilfen und Unterlagen für Gestecke bekommen Sie in Blumen- und Bastelläden.

Grabschmuck im Winter

TIP: Viele der erwähnten Pflanzenteile sind giftig oder reizen die Haut. Lassen Sie Kinder niemals damit allein, und waschen Sie sich nach dem Arbeiten gründlich die Hände!

Dieser weihnachtliche Grabschmuck ist aus den Zweigen der Blautanne und verschieden geformten Zapfen gestaltet.

DIE FRIEDHOFSORDNUNG

Friedhofsordnungen regeln im allgemeinen folgende Dinge:

▶ **Ordnungsbestimmungen** wie Regelungen zum Verhalten der Friedhofsbesucher, Öffnungszeiten und Zulassung gewerblicher Tätigkeiten
▶ **Bestattungsvorschriften** regeln den Ablauf der Begräbnisfeier und die Beschaffenheit von Särgen und Urnen
▶ **Rechtsverhältnisse** an den Grabstätten sind die Vergabe- und Nutzungsrechte an den Gräbern, die Ruhefristen und die Größe der Grabstätten
▶ **Gestaltungsvorschriften** regeln Größe und Material des Grabmals, der Einfassung, die Zulässigkeit von Abdeckplatten sowie Größe und Art der Bepflanzung, Material von Pflanzgefäßen und Gebinden u. v. m.
▶ **Pflege- und Instandhaltungsvorschriften** gelten für Grabmal und Bepflanzung
▶ **Gebührenordnung** legt die Kosten für die Bestattung und die Benutzung der Grabstätte fest

LITERATUR

Aichele, D.: Was blüht denn da? Der Fotoband, Kosmos Verlag Stuttgart
Bärtels, A.: Zwerggehölze, Ulmer Verlag Stuttgart
Bott, H.: Schöne Gräber bepflanzen und pflegen, Ulmer Verlag Stuttgart
Englbrecht, J.: Grabschmuck gestalten und pflegen, GU München
Haberer, M.: Steingärten und Trockenmauern, Kosmos Verlag Stuttgart
Härtl, K.-H.: Naturnahe Steingärten, Naturbuch Augsburg
Markley, R.: Freude an Rosen, Kosmos Verlag Stuttgart
Witt, R.: Wildgärten, BLV München
Witt, R.: Wildsträucher und Wildrosen, Kosmos Verlag Stuttgart

ADRESSEN

Dauergrabpflege
Hier erfahren Sie die Adresse Ihrer zuständigen Friedhofsgärtner-Genossenschaft oder -Treuhandstelle:

Bund der deutschen Friedhofsgärtner im Zentralverband Gartenbau
Godesberger Allee 142–148
53175 Bonn

Weitere Adressen
Bundesinnungsverband des Deutschen Steinmetz-, Stein- und Holzbildhauerhandwerks
Weißkirchener Weg 16
60439 Frankfurt/M.

Arbeitsgemeinschaft Friedhof und Denkmal e.V.
Weinbergstr. 25–27
34117 Kassel

Aeternitas GmbH
Im Wiesengrund 57
53639 Königswinter

Naturgarten e.V.
Postfach 43 09 06
80739 München

Bildungsstätte des deutschen Gartenbaues
Gießener Str. 47
35305 Grünberg

Monika Strickler
Lochgasse 1
55232 Alzey-Heimersheim
(Versandgärtnerei für naturnahe Grabbepflanzungspakete nach Standorten)

REGISTER

Die **halbfett** gesetzten Seitenzahlen verweisen auf Farbfotos.

Abdeckmaterialien 21
Adonis vernalis **32**, 37
Adonisröschen, Frühlings- **32**, 37
Ajuga reptans 36
Akelei 34
Anemone sylvatica 35
Aquilegia vulgaris 35

Bärentraube 30, 31
Bepflanzte Schale 52f., **52**
Birke, Zwerg- 28, **29**
Blauschwingel **30**, 31
Blättern, Gestalten mit 44f.
Blumenzwiebeln lagern 53
Blumenzwiebeln stecken 53
Bodenbestimmung 16
Bodendecker 21, 25f., 31, 37, 43
Bodenverbesserung 17
Bodenvorbereitung 15
Bodenzuschlagstoffe 16f.
Braunelle, Kleine 41

Campanula cochleariifolia 28

Dachhauswurz 28, 30
Dauerbepflanzung 29, 35, 41
Dianthus deltoides 39
Diptam **37**
Doppelgrab 7, 24f., **24, 29, 34, 41**
Doronium 39

Efeu, Strauch- 40, **42**
Ehrenpreis, Großer **41**
Ehrenpreis, Wald- 35, **42**
Eibe **32**
Einfassung **12**
Einzelgrab 7, 26f., **27**, **30**, **37**, **42**
Essigrose **37**, **47**

Farbe, Gestaltung mit **32**f.
Farbwirkungen **33**
Färberginster, **29**, **39**
Felsennelke **30**
Fetthenne, Purpur- **28**, **30**
Fingerhut, Großblütiger 35, **41**
Fingerkraut, Aufrechtes **34**
Fingerkraut, Gänse- **41**
Flächengliederung 24f., **27**
Friedhofsgärtner **15**
Friedhofsordnung 7, **60**
Frühling, Grabpflege **63**
Frühling, Wechselbepflanzung **52**
Frühlingsschmuck 50ff., **50**, **53**

Gamander **37**
Geißblatt, Echtes **40**
Geißklee, Schwarzer 28, **29**, **30**
Gemswurz **39**
Genista tinctoria **39**
Gestaltung Doppelgrab 24f.
Gestaltung Einzelgrab **26**f.
Gestecke machen **54**
Gestecke, Gefäße für **54**f.
Ginster, Deutscher **41**
Ginster, Färber- **29**, **39**
Glockenblumen **28**, **37**
Glockenblume, Pfirsichblättrige **41**
Glockenblume, Zwerg- **29**, **30**
Goldrute, Echte **41**
Grabfeld **7**
Grabgestaltung **23**ff.
Grabmal, Anordnung **12**f.
Grabmal, Wahl 12, **14**
Grabpflege **63**f.
Grabschmuck **50**ff.
Grabschmuck, erster **11**
Grabstein **14**
Grabstrauß **55**
Graslilie, Ästige **37**
Grasnelke **30**, 31
Gundelrebe **41**
Günsel, Kriechender 36, **37**, **42**

Habichtskraut, Kleines **30**
Hainsalat **42**
Halbschattiges Grab 9, **34**ff.
Heckenkirsche, Niedrige 34, **34**, **41**
Heidenelke **29**, **29**, **39**
Helianthemum-Hybriden **30**

Helleborus-Arten **43**
Hepatica nobilis **22**
Herbst, Grabpflege **64**
Herbst, Wechselbepflanzung **57**
Herbstgesteck **57**, **56**
Herbstkranz **56**
Herbstschmuck **56**f.
Hirschzungenfarn 41, **42**
Höhengliederung **24**
Humusboden 16, **16**

Immergrün **20**
Iris reticulata **33**
Iris, Zwerg- **30**, **34**

Jasmin, Winter- **34**, **41**
Jelängerjelieber **41**

Kindergrab 13, **13**, 48f., **48**, **49**
Kinderpflanzen **48**f.
Klima **8**
Königskerze, Schwarze **37**
Kratzdistel **30**
Kränze binden **56**f.
Kugellauch **37**
Kuhschelle **31**

Leberblümchen **22**
Lehmboden 16, **16**
Leimkraut, Nickendes **37**
Lonicera caprifolium **40**
Lungenkraut **42**, **43**

Mauerpfeffer, Scharfer **30**
Mauerpfeffer, Weißer **30**
Mulchen **20**f.

Nieswurz **43**
Nieswurz, Stinkende **34**, **42**

Perlgras, Nickendes **41**
Pfennigkraut **34**, **37**
Pflanzengesellschaften **38**f.
Pflanzenschutz **64**
Pflanzung 18f., **18**, **19**
pH-Wert **17**
Pulmonaria officinalis **43**
Pulsatilla vulgaris **31**

Rahmenpflanzen **24**ff., **28**, **34**, **40**
Rauhgras **41**
Regen **8**
Reihengrab 7, **13**, **13**
Rosa gallica **47**

Saisonbeet **25**f.
Saisonpflanzen **24**ff., **31**, **36**, **42**
Saisonpflanzen als erster Grabschmuck **11**
Sandboden 16, **16**

Sandglöckchen **29**
Schale bepflanzen **52**
Schattiges Grab 9, **40**ff.
Schillergras, Blaugraues **29**
Schneeball, Zwerg- 34, **34**
Schneeheide **29**, 31
Sedum telephium **28**
Segge, Berg- **29**, **30**
Segge, Vogelfuß- **34**
Segge, Wald- **42**, **43**
Segge, Weiße **41**
Seidelbast 40, **42**
Sempervivum tectorum **28**
Sommer, Grabpflege **63**
Sommer, Wechselbepflanzung **55**
Sommer-Blumenstrauß **55**
Sommergesteck **50**
Sommerschmuck **54**f.
Sonnenröschen **30**
Sonniges Grab 9, **28**ff.
Storchschnabel, Blut- **34**
Storchschnabel, Ruprechts- 35, **41**
Storchschnabel, Wald- **41**, **42**
Symbolpflanzen 6, **46**f.

Taubnessel, Weiße **41**
Taxus baccata **33**
Thymian **31**
Thymian, Sand- **30**, **31**
Thymus serpyllum 'Album' **31**

Urnengrab 13, **13**, **23**, 46f., **46**, **47**

Veilchen, Duft- **33**, **34**
Vinca minor **20**
Viola odorata **33**

Wacholder, Zwerg- **29**
Wahlgrab 7, 13, **13**
Walderdbeere **37**, **41**
Waldmeister **42**
Waldsteinia **42**
Wechselbepflanzung für den Frühling **52**
Wechselbepflanzung für den Herbst **57**
Wechselbepflanzung für den Sommer **55**
Wind **8**
Windröschen, Busch- **42**, **42**
Windröschen, Großes **34**, **35**
Winter, Grabpflege **64**
Winterblüher **58**
Winterkranz **58**
Winterschmuck **58**f.

Ziest, Aufrechter **42**
Zittergras **37**
Zwiebelblumen **52**f.

BILDNACHWEIS

Mit Farbfotos von
U. Borstell (S. 1M., 20u., 28u., 28o., 31o., 32o., 33o.r., 33u., 35u., 43o., 43u., 55),
H. E. Laux (S. 32u.l., 39r.),
M. Pforr (S. 4o., 5o., 14o., 28M., 31u., 36u., 40),
R. Markley (S. 10o.),
mein schöner Garten/U. Borstell (S. 7, 22o.r., 26u., 38, 44, 47r., 56),
mein schöner Garten/S. Jänicke (S. 1r., 54),
mein schöner Garten/P. Jarosch (S. 25),
mein schöner Garten/R. Krieg (S. 50u.r., 57),
mein schöner Garten/J. Stork (S. 3, 32u.r., 58, 59u.),
R. Witt (S. 39l., 47l.),
Reinhard Tierfoto (S. 6o., 22u.l., 26o., 30o., 33o.l., 35o., 51, 52)
sowie von der Autorin (alle übrigen).

Alle Zeichnungen von R. Fritzsche.

---

kosmos
Bücher •
Videos •
Kalender •
CDs • Seminare

zu den Themen:
• Natur • Astronomie
• Garten und Zimmerpflanzen • Heimtiere
• Pferde & Reiten
• Kinder- und Jugendbücher • Eisenbahn/Nutzfahrzeuge

Nähere Informationen sendet Ihnen gerne
Kosmos Verlag
Postfach 10 60 11
70049 Stuttgart

IMPRESSUM

Umschlaggestaltung von Atelier Reichert, Stuttgart, unter Verwendung von 4 Farbaufnahmen von der Autorin (Rückseite rechts), mein schöner Garten/U. Borstell (Rückseite links), H. Radloff (Vorderseite großes Foto) und Reinhard Tierfoto (Vorderseite kleines Foto).

Mit 99 Farbfotos und 14 Farbzeichnungen.

Die Deutsche Bibliothek – CIP-Einheitsaufnahme

Kleinod, Brigitte:
Grabbepflanzung liebevoll und schön / Brigitte Kleinod. – Stuttgart :
Kosmos, 1997
  (Dem Kosmos-Rat vertrauen)
  ISBN 3-440-07313-0

© 1997, Franckh-Kosmos Verlags-GmbH & Co., Stuttgart
Alle Rechte vorbehalten.
ISBN 3-440-07313-0
Lektorat: Bärbel Oftring
Grundlayout: Atelier Reichert, Stuttgart
Gestaltung: Gisela Dürr, München
Satz: ad hoc! Typographie, Ostfildern
Printed in Italy/Imprimé en Italie
Druck und Buchbinder: Printer Trento S. r. l., Trento

Alle Angaben in diesem Buch sind sorgfältig geprüft und geben den neuesten Wissensstand bei der Veröffentlichung wieder. Da sich das Wissen aber laufend in rascher Folge weiterentwickelt und vergrößert, muß jeder Anwender prüfen, ob die Angaben nicht durch neuere Erkenntnisse überholt sind. Dazu muß er zum Beispiel Beipackzettel zu Dünge-, Pflanzenschutz- und Pflanzenpflegemitteln lesen und genau befolgen sowie Gebrauchsanweisungen und Gesetze des jeweiligen Landes beachten.

PFLEGEKALENDER FÜR GRABSTÄTTEN

Einige allgemeine Arbeiten, die im Jahresverlauf bei jedem Grabbeet anfallen.

FRÜHLING

▶ Die Spuren des Winters werden beseitigt. Winterabdeckung, falls vorhanden, entfernen, damit sich die Erde in der Frühlingssonne erwärmen kann und die ersten Frühblüher ihre grünen Spitzen ausstrecken können.
▶ Abgefallene Äste und ein Zuviel an Laub entfernen.
▶ Der Winterschnitt von Gehölzen kann jetzt, da keine stärkeren Fröste mehr zu erwarten sind, erfolgen. Frostschäden und überzählige Triebe werden ausgeschnitten, das typische Wuchsbild der Pflanze soll dabei aber erhalten bleiben.
▶ Sommer- und Besenheide werden bis in den untersten Bereich der letztjährigen Triebe zurückgeschnitten, damit sie dicht und gleichmäßig bleiben.
▶ Das Abschneiden abgestorbener Staudenteile so lange wie möglich hinauszögern, denn in ihnen verbergen sich im Winter oft nützliche Insekten.
▶ Das Saisonbeet lockern und eventuell Kompost einarbeiten.
▶ Robuste Frühjahrsblüher können nun gepflanzt werden. Aber Vorsicht: Es kann bis Mitte Mai noch Nachtfröste geben.
▶ Nach der Pflanzung die Mulchdecke erneuern oder ausbessern.
▶ Das Grabmal auf Standsicherheit und Frostschäden überprüfen und ggf. mit klarem Wasser und einer Bürste säubern.

SOMMER

▶ Neben der Neubepflanzung des Saisonbeetes steht jetzt das Gießen an erster Stelle, wobei bei trockenem Wetter ein- bis zweimal wöchentlich 10–20 Liter/m² ausreichend sind.
▶ Manche Saisonblumen brauchen alle drei Wochen eine Flüssigdüngergabe, Pflanzgefäße müssen noch öfter gedüngt oder gegossen werden.
▶ Außerdem müssen unerwünschte Wildkräuter alle vier bis sechs Wochen von Hand gejätet werden. Der Einsatz von Herbiziden verbietet sich von selbst und ist auch nicht zulässig.
▶ Sommerblumen können ab Ende Mai ins Saisonbeet gepflanzt werden. Ihre Blühzeit kann bei manchen durch Ausbrechen vertrockneter Blütenstände verlängert werden.
▶ Gehölze und Bodendecker werden im Juni in Form geschnitten.

Pflegeschnitt: Überzählige oder zu lange Triebe werden mit der Handschere eingekürzt, aber niemals abgebrochen.

HERBST

▶ Ab Oktober können nochmals Herbstblüher ins Saisonbeet gesetzt werden, außerdem die Zwiebeln für die Frühlingssaison.
▶ Das Grab im Herbst nicht zu sehr aufräumen, denn viele Gräser und Blüten- und Samenstände bieten nützlichen Insekten Überwinterungsmöglichkeiten. Sie sehen auch im Winter schön aus.
▶ Eine schützende Mulchdecke hält den Boden warm und feucht und erleichtert den Zwiebelpflanzen das Überwintern.
▶ Immergrüne Gehölze und Stauden wässern.

WINTER

▶ Die Dauerbepflanzung und die Bodendecker sollten so gewählt sein, daß sie keinen Winterschutz benötigen.
▶ Abdeckung mit Tannenreisern schadet eher, als daß sie nutzt, denn darunter überwintern viele Schädlinge, und die Bodendecker verpilzen. Die Schneedecke im Winter ist in der Regel ein ausreichender Schutz.
▶ Die Schneelast von immergrünen Gehölzen entfernen, damit die Äste nicht brechen.
▶ Bei wenig Schnee und sonnigen Wintertagen kann Gießen nötig werden.

PFLANZENSCHUTZ

Pflanzenschutzmaßnahmen, also die Bekämpfung von Pflanzenkrankheiten und Schädlingen, sollten auf dem Grabbeet eigentlich nicht nötig sein. Bei Beachtung der Bodenverhältnisse, der richtigen Pflanzenwahl und -pflege treten in der Regel keine Schäden auf. Fraßspuren an Blättern oder einige Blattläuse stellen kein Problem dar, sondern zeigen uns, daß die gewählten Pflanzen in den Nahrungskreislauf passen und somit auch den Nützlingen dienen.
Sollten doch einmal dauerhafte Schädigungen auftreten, ist der Austausch der betreffenden Pflanze die sinnvollste Gegenmaßnahme, denn entweder war diese von vornherein geschädigt, oder sie paßt nicht an den Standort.
Die Bekämpfung tierischer Schädlinge mit Bioziden sowie das Ausbringen von Herbiziden gegen Wildkräuter ist zu Recht auf allen Friedhöfen untersagt. Allenfalls biologisch unbedenkliche Mittel wie Brennessel- oder Schachtelhalmbrühe zur Stärkung der Pflanze kommen in Frage. Größere Plagegeister wie Wühlmäuse und Kaninchen werden vom Friedhofspersonal selbst bekämpft.

Kleine Handgeräte (von links nach rechts) wie Pflanzschaufel, Distelstecher, Handhacke und Handschere sind für die Grabpflege völlig ausreichend.